KB220428

경전으로
시작하는 불교

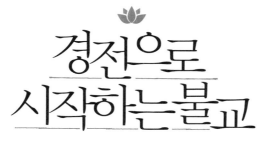

경전으로 시작하는 불교

불교를 공부하기 위해 알아야 할 교리와 경전에 관한 최소한의 지식

· 글 지안 스님 ·

조계종
출판사

───────　불교를 바로 알기 위해서는 무엇보다도 경
전의 내용을 이해해야 한다. 경전을 모르고는 불교를 알 수
없다. 부처님 말씀이 오롯이 수록된 경전을 통해서 불교를 이
해하는 것이 불교 공부의 올바른 시작이다.

　물론 신앙심을 단련하기 위해서는 부처님을 모신 법당에
서 예배하거나 기도하면서 불교에 대한 신심을 키울 수 있는
방편은 있다. 그러나 부처님의 가르침에 어떤 내용이 있는가
를 알기 위해서는 경전을 접해야 한다. 물론, 불교는 너무나
많은 양量의 경전이 있다. 팔만대장경이라고 말하듯이 불교
에 관한 방대한 전적典籍은 평생을 읽는다 해도 다 읽을 수가
없다. 하지만 경전 전체를 다 읽을 수 없다 하여도 특정한 몇
몇 경전의 내용을 해설해 놓은 것을 읽는다면 경전 이해에 큰
도움이 될 것이다.

　『경전으로 시작하는 불교』는 바로 이렇게 경전의 이해를

도와주기 위하여 엮은 책이다. 오십 권의 경전을 골라 그 내용을 간략히 기술하여 불교경전의 전반을 이해하도록 하였다.

깨달음을 얻고자 하는 불교의 근본 수행에서 볼 때는 경전을 달을 가리키는 손가락에 비유하기도 하지만 개인의 창의적인 사고력을 형성하고 올바른 인생관을 세우는 데도 부처님 말씀에 대한 지적 정보를 갖는 것은 대단히 유익한 일이라 생각한다. 사람의 마음속에는 무한히 넓은 지적 공간이 있다. 이 세상의 모든 것을 다 안다 하여도 그 지식의 공간은 채워지지 않는다. 이러한 사람들의 지식 공간에 불교의 지식이 입력되어 저장되고 그것이 살아가는 생활 속에 활용되기를 바라면서 경전 소개서를 내게 된 것이다.

불교 경전에 대한 지식은 사람의 마음을 들여다보게 하는 반조反照의 힘을 키워주며 정신공간을 맑게 해주는 순화제의 역할을 한다. 그리하여 사람을 성숙시켜 주는 정신적 자양을 공급해 부처의 덕을 이루게 하는 것이 불교이다.

이 책이 불교 입문서의 역할이 되기 바라며 경전에 대한 이해가 새로운 지적 재산이 되어 정신적 이익을 얻는 좋은 인연이 맺어지기를 바란다.

2012년 12월 통도사 반야암 청향당에서 지안 씀

목

차

1부 · 불교 ·

불교

세계의 유수한 종교 가운데 불교는 지금으로부터 2600여 년 전 인도에서 발생한 종교입니다. 고대 인도의 작은 왕국인 카필라성에 살고 있던 석가족 출신의 고타마 싯달타는 세상의 부귀영화를 한몸에 누릴 수 있는 왕자의 신분이었음에도 구도의 길을 떠나 출가 수행하는 사문沙門이 되었습니다.

그는 온갖 고행을 무릅쓰고 6년간의 수도 끝에 드디어 우주와 인생의 근본 진리를 깨달은 최고의 정각자 부처가 되었습니다. 부처란 인도 말인 범어(梵語, Sanskrit)의 붓다Buddha를 음역한 말로 '깨달은 성인'이라는 뜻입니다. 그가 바로 불교의 교조教祖이며 인류 역사상 인간이 부처가 된 최초의 사람입니다. 그의 생애는 무척 드라마틱한 장면으로 전개됩니다. 태어나서 이레 만에 어머니인 마야부인을 여의고 이모이면서 양모가 된 마하파자파티의 손에 의해 키워졌습니다. 이러한 환경 속에서 싯달타는 남다른 사색과 철학적 사고를 형성하여 인생의 제반 문제에 곧잘 의문을 품었습니다.

태자 시절 그가 성문 밖에 나가 목격하였다는 네 가지 장면은 출가 동기가 된 중요한 사건이었습니다. 사문유관四門

遊觀이라고 알려진 사건입니다.

동쪽 문 밖에서 기력이 쇠진한 늙은 노인이 허리가 구부러진 채 길을 가는 모습을 보았고, 남쪽 문 밖에서 길가에 쓰러져 신음하는 병든 환자의 모습을 보았으며, 서쪽 문 밖에서 죽은 사람의 시신을 운구해 가는 상여를 보았습니다. 그리고 북쪽 문 밖에서 탁발하러 다니는 출가 사문을 보았습니다.

이 네 가지 장면은 고타마에게 인생에 대한 의문을 품게 하고 인간의 속절없는 생로병사生老病死라는 운명에 회의를 느끼게 했습니다. 그의 머릿속에는 언제나 이러한 의문과 회의가 가득했으며, 동시에 인간 실존에 대한 탐구와 덧없는 세상의 무상을 뛰어넘고 영원하고 무한한 이상세계를 동경하게 했습니다.

아버지 정반왕의 각별한 애정과 배려 속에 궁중생활을 하며 성장한 그는 야소다라와 결혼하여 라훌라라는 아들을 얻고도 마음 한구석에 남아 있는 진리를 구하고 싶은 향수를 이기지 못하다가 마침내 29세의 나이에 출가를 결행하여 수도생활에 들어갔습니다. 온갖 고행과 어려운 난관을 극복하고 부다가야의 보리수 아래에서 깊은 명상에 잠겼다가 드디어 깨달음을 얻어 부처가 되었습니다.

이렇게 부처님이 탄생하고 부처님이 깨달은 진리에 의해

서 불교라는 종교가 창시된 것입니다. 불교는 2600여 년의 역사와 함께 인류 문화사에 지대한 영향을 끼쳤으며, 자비와 지혜를 생명으로 하는 고도의 정신개발과 탁월한 교법의 실천으로 모든 인류를 부처의 길로 인도하는 종교입니다.

불교의 특성은 여러 가지로 설명되지만, 무엇보다도 종교적 정서가 명상적이고 사색적이고 정적靜的인 점을 들 수 있습니다.

특히 신을 전제하지 않는 인본주의人本主義의 종교로 서양의 유일신을 내세우는 신본주의神本主義와 교리 면에서 사뭇 대조적입니다.

교조인 석가모니의 생애에서 보여지듯이 인간의 내면세계를 밝혀가는 수행 과정은 맹목적 신념이 아닌 끝없는 자기 성찰과 반조反照에서 옵니다. 석가모니 부처님은 룸비니 동산 숲 속의 무우수無憂樹 나무 밑에서 태어나고, 보리수 아래서 성도하여 녹야원이라는 사슴이 서식하던 동산의 숲 속에서 설법을 시작하고 마지막으로 쿠시나가라의 사라수 밑에서 열반에 드십니다.

나무 밑에서 태어났다가 나무 밑에서 깨달음을 이루고 나무 밑에서 설법을 하다가 나무 밑에서 돌아가십니다. 이렇기 때문에 한마디로 불교의 정서는 나무 밑의 사색이고 숲 속의 명상입니다. 어느 명상가는 종교에 귀의하는 것이 숲 속의 오솔길을 찾는 마음이라고 하였습니다.

또 불교의 수학修學을 세 가지 면으로 나누어 불교 전체를 설명하는 용어에 삼학三學이 있는데, 이는 계戒, 정定, 혜慧 세 가지를 닦고 배워서 부처가 되는 길을 말하는 것입니다. 계는 계율을 말하고, 정은 마음을 맑고 고요하게 하는 선정禪定을 말하며, 혜는 지혜를 말합니다.

계율은 수행에 임하는 몸가짐과 마음가짐에 대한 행동 윤리로 도덕적 선善을 전제로 하는 고차원적인 불교 윤리입니다. 선정은 정신의 통일된 상태로 의식의 분열이 없어져 안정과 평화가 유지되는 정중正中한 마음입니다. 그리고 혜는 밝고 슬기로운 예지의 빛이 나오는 마음입니다. 이 삼학을 일반 개념으로 대비해 말하자면 윤리와 신앙과 철학입니다.

따라서 불교는 윤리와 신앙과 철학이 삼위일체로 조화된 종교입니다.

불교의 근본 교리는 부처님이 부다가야의 보리수 아래에서 정각을 이룬 후 열반에 드실 때까지의 설법 내용을 이론적으로 요약한 것입니다. 부처님이 열반에 드신 후 역사적으로 여러 시대를 지나오면서 불교의 교리도 발달해 왔습니다.

부파불교 시대를 거쳐 대승불교가 일어나면서 교리와 사

상이 폭넓게 연구되고 발전되어 교리 전개가 다양해졌습니다. 그러나 부처님 재세 시의 설법을 중심으로 가장 원형적이고 불교사상의 기초이자 근본이 되는 것을 근본 교리라 합니다. 근본 교리는 삼법인, 사성제, 팔정도, 십이인연, 업사상, 연기설, 윤회설 등입니다.

·· 삼법인

삼법인三法印은 불교의 진리를 세 가지로 함축한 것입니다. 법인法印이란 법의 도장이라는 말로 도장을 찍어 결제를 하듯이 참된 이치를 가리켜 '이것이 진리다' 하고 결정·확인한다는 뜻입니다. 제행무상인諸行無常印, 제법무아인諸法無我印 그리고 열반적정인涅槃寂靜印이 바로 삼법인입니다.

제행무상인

제행이란 우주 만유의 모든 현상을 가리키는 말입니다. 인연에 의해 형성된 모든 존재를 통칭하는 말로 유위有爲라고도 합니다. 쉽게 설명하자면 물리적인 현상과 정신적인 현상 전체가 제행인데, 이 모든 것이 항시 변해 가는 진행 속에 있는 것이라 어느 것도 머무는 것이 없다는 말입니다. 곧 만물은 유전流轉한다는 말과 같은 뜻으로 변하지 않고 영원히 존재하는 것은 없다는 뜻입니다.

『열반경』에 '제행무상 시생멸법 생멸멸이 적멸위락諸行無

常 是生滅法 生滅滅已 寂滅爲樂'이라는 경문이 있습니다. '모든
것은 덧없이 생겨났다가 소멸한다. 생겼다 없어지는 생멸이
없어지면 고요한 열반이 곧 즐거움이 된다'는 뜻입니다.

있다가 없어지고 없는 데서 생겨나는 것, 생멸이란 이렇
게 인연따라 변천變遷하는 현상적 실태를 표현한 말입니다.
이 생멸하는 무상을 불교에서는 괴로움을 느끼게 하는 것이
라 합니다. 무상이란 우리말로 덧없다는 뜻이지만, 그 어원
은 범어 '아니티야anitya'를 번역한 말로 일정하게 변하지 않
고 머무르는 것이 없다는 뜻입니다. 여기에 찰나무상刹那無
常과 상속무상相續無常이 있습니다. 찰나 속에 변해 가는 생
生, 주住, 이異, 멸滅이 일어나는 것과 일정한 기간 속에 생,
주, 이, 멸이 있는 것을 구별한 것입니다. 생, 주, 이, 멸은 생
겼다가 없어지는 과정을 네 단계로 설명하는 말입니다.

제법무아인

제법이란 모든 존재를 뜻하는 말입니다. 삼라만상 두두물물
頭頭物物이 모두 제법 안에 들어옵니다. 이 모든 것은 인연으
로 존재하지만 어느 것도 그 실체가 없습니다. 무아無我란
〈나〉가 없다는 말로 존재의 실체가 없다고 부정하는 말입니
다. 개체적인 하나의 사물이 여러 가지 인연이 모여져 나타

났을 뿐 영원히 존재하는 것으로서의 본체를 인정할 수 없다
는 것입니다.

무아이론無我理論은 불교 교리의 독특한 것으로 불교사상
에서 가장 중요한 내용입니다. 재래의 인도 힌두사상에는 아
뜨만atman이라는 고정 불변하는 실체적인 〈나〉가 있다고 주
장했습니다. 우주 최고 원리인 브라만과 동일한 것이라 하여
범아일여梵我一如를 주장하는 사상이 나오기까지 했습니다.

그러나 불교에서는 이를 부정하여 존재의 근원은 아무 것
도 없는 비워진 상태라고 합니다. 이 무아설은 나중에 대승
불교에서 공사상空思想으로 발전하는데 불교철학의 심오함
을 설명합니다. 가령 인간을 설명할 때 오온설五蘊說이 있습
니다.

오온이란 색色, 수受, 상想, 행行, 식識의 다섯 가지를 말하
는데, 이는 곧 인간을 구성하는 다섯 가지 요소입니다.

색은 육체를 가리키는 것으로 4대四大라는 물질을 이루는
기본 요소가 화합된 것입니다. 곧 지地, 수水, 화火, 풍風의 네
가지 요소에 의하여 형성되는 육체가 색온色蘊입니다. 온蘊
이란 쌓여 있는 무더기라는 뜻이고 지대地大는 뼈, 손톱, 발
톱, 머리카락, 치아, 살갗 등으로 질소N 성분인 것이며, 수대
水大는 수소H 성분으로 피, 땀, 침, 소변 등으로 우리 몸에 있

는 액체 성분입니다. 화대火大는 체온을 말하며 이는 탄소C에 해당합니다. 풍대風大는 산소O인데 혈액순환이나 맥박 등의 움직이는 것과 체내에 있는 가스 등의 기체입니다.

수온受蘊은 우리 몸의 감각기관이 외계의 사물을 받아들이는 감수 작용을 말합니다. 시각이나 청각 등의 감각이 처음 일어나는 상태가 수온인데, 이때 괴롭고 즐거운 감수와 괴롭지도 않고 즐겁지도 않은 세 가지 갈래로 나뉘는 고수苦受, 낙수樂受 그리고 사수捨受의 삼수三受가 있습니다.

상온想蘊은 받아들인 객관 경계에 대한 개념을 형성하여 그것을 표상表象하는 작용을 말합니다. 한 송이 꽃을 보았을 때 시각에 와 닿은 꽃을 꽃이라 인식하고 또 그 꽃의 색깔이 붉다거나 노랗다는 등의 색감을 인식하는 것이 상온입니다.

행온行蘊은 생각과 생각이 움직여 연결되는 힘으로 사람의 의지가 일어날 때 행온의 작용에 의해서 된다고 할 수 있습니다. 마치 물이 흐르면 물줄기의 힘이 생기는 것처럼 마음에 생각이 일어나면 의지가 만들어지고, 그것이 다시 다른 생각과 연결되어 사고력이 형성됩니다. 이리하여 기억, 상상, 추리를 하게 되는데 이것을 행이라 합니다.

식온識蘊은 분별하고 인식하는 작용으로 그때그때의 상황을 판단하는 주체를 말합니다. 식識이 가지는 의미는 무척 다양합니다. 때로는 생명의 요소로 설명되기도 하며 생각이 일어나는 근원으로 설명되기도 합니다. 이 식識은 대승불교의 한 사상체계인 유식설唯識說에서 여러 가지로 나누어 설명하는 방법이 있습니다.

이상의 오온설은 인간이란 존재가 일시적인 오온이 결합한 물건에 지나지 않는 것으로, 〈나〉라는 것은 오온이 합해진 것을 편의상 이름 붙여 말하는 것일 뿐, 〈나〉라는 실체는 없다는 것을 말합니다. 마치 집을 지을 때 기둥을 세우고 서까래를 걸치며 바닥, 벽, 지붕 등의 여러 부분이 모여 집이 성립되는 것처럼, 인간이라는 존재도 오온의 구성 요소에 의해 성립하므로 인간 자체의 존재가 따로 없다는 것입니다.

열반적정인

열반이란 고요하고 평화스러운 상태를 뜻하는 말입니다. 또한 소멸되어 없어진 상태입니다. 원래 범어 니르바나nirvāṇa를 음역한 것으로 '불어 끄다(吹消)'라는 뜻이 있습니다. 활활 타고 있는 불길을 꺼버렸다는 이 뜻은 모든 번뇌와 욕망에서 벗어난 것을 의미합니다.

부처님의 제자인 사리불이 어느 날 어떤 사람으로부터 열반이 무엇이냐는 질문을 받았습니다. 그때 사리불은 탐욕과

성냄과 어리석음이 사라진 것을 열반이라 한다고 대답했습니다. 이는 인간의 마음 속에 숨어 있는 괴로움의 원인이 제거된 것을 말한 대답입니다. 적정寂靜이라는 말도 열반과 같은 뜻인데 열반이 음역音譯한 말이라면 적정은 의역意譯한 말입니다. 불교의 최고 이상이 열반이며 현대적 개념으로 말하면 '최고로 행복해진 상태'라는 뜻입니다.

이상의 삼법인은 이 세상을 보는 불교의 관점을 현상계의 분석을 통해서 밝히고 인간이 추구해야 할 궁극적 이상을 가장 본질적인 문제에 입각해서 밝혀 놓은 것입니다.

·· 사성제

사성제四聖諦란 네 가지 거룩한 진리라는 뜻입니다. 불교의 교리는 이 사성제가 중심이 된다고 할 수 있을 정도로 인간의 모든 문제를 사성제로 풀어 설명합니다. 제諦는 범어 'satya'를 번역한 말인데 진실하여 헛되지 않다는 뜻입니다. 부처님이 부다가야의 보리수 아래에서 정각正覺을 이룬 후 250km 떨어진 바라나시 근교의 녹야원으로 찾아가 한때 고행을 같이 했던 다섯 비구를 위하여 최초의 설법을 해준 내

용이 바로 사성제입니다. 이 설법을 들은 다섯 비구는 교진여, 알비, 마하남, 발제, 바파였다고 합니다.

고성제

고성제苦聖諦란 '인간의 모든 것은 괴롭다'라는 현실 정의를 내린 말로 이 괴로움의 인식으로부터 불교의 수행이 시작됩니다. 인간이란 어떤 존재입니까? 그것을 설명하자면 괴로운 운명을 지닌 존재라는 것입니다. 원래 괴로움을 뜻하는 고苦라는 글자는 범어 'duhkha'를 번역한 말인데, 현대적인 개념으로 말하면 아픔, 슬픔, 불만, 불안, 초조, 갈등 등의 뜻이 모두 내포되었습니다. 다시 말하면 내 마음대로 되지 않는 상태를 모두 두카라 합니다. 불교는 이 괴로움의 문제를 해결하자는 종교입니다. 석가모니 부처님이 직접 이렇게 말하기도 했습니다.

"나는 다만 괴로움에 대해서 말하고 그 괴로움의 소멸에 대해서 가르칠 뿐이다."

괴로움을 해결하자면 자신의 괴로움에 대한 인식이 선행되어야 합니다. 마치 환자가 병을 고치려면 자신의 몸에 병이 있다는 것을 인정해야 하는 것과 같습니다. "모든 것은 괴롭다(一切皆苦)"라는 경전 속의 말도 있습니다.

이 괴로움을 하나하나 나열하여 구체적으로 밝혀 놓은 것에 팔고설八苦說이 있습니다. 인간에게 근본적인 괴로움이 여덟 가지 있다는 것입니다. 그것은 태어남(生), 늙음(老), 병듦(病), 죽음(死), 사랑하는 사람과 헤어짐(愛別離苦), 미워하는 사람과 만남(怨憎會苦), 구하여도 얻지 못하는 것(求不得苦), 오음의 신체에서 오는 괴로움(五陰盛苦)입니다. 이중 태어남, 늙음, 병듦, 죽음의 네 가지를 사고四苦라 하기도 합니다. 인간은 앞에서도 말했듯이 오온의 화합물이기 때문에 생리적인 고통을 원초적으로 지니고 있습니다. 가령 추워도 괴롭고, 더워도 괴로우며, 배가 고파도 괴로우며, 배가 불러도 불편한 등 육체 때문에 겪는 고통을 오음성고라 합니다.

또 괴로움을 자체의 성질로 분류하여 고고苦苦, 행고行苦, 괴고壞苦의 셋으로 나누어 말하기도 합니다. 고고란 외부 조건에 의해 인간의 의지와 상관없이 당하는 괴로움으로 추위나 더위나 사고로 당한 부상 등이 이에 해당합니다. 행고는 무상으로 인해 변해버리는 조건으로 생기는 괴로움입니다. 유한한 존재인 인간이 끊임없이 변하는 현실 속에서 늙고 병든 신세가 되는 것 등이 행고입니다. 괴고는 애지중지 소중히 여기던 것을 파괴당했을 때 느끼는 고통입니다. 부귀와 권력을 누리던 사람이 그것을 잃어버렸을 때, 애착하던 물건을 잃어버렸을 때 느끼는 괴로움 등입니다.

　괴로움이란 인간의 현실을 분석하여 결과론적으로 인간을 해석한 말입니다. "인생이란 괴로운 것이다." 여기에서 불교가 시작됩니다.

집성제

집성제集聖諦의 집集이란 초집생기招集生起를 줄여서 하는 말로, 불러모아 생기게 한다는 뜻이 있습니다. 범어 '사무다야samudaya'를 번역한 말인데 어떤 결과를 발생케 하는 원인이라는 뜻입니다. 인간의 현실이 결과적으로 괴로움이라고 정의된다면, 그 괴로움의 원인이 무엇인가를 밝히는 것이 집성제입니다. 괴로움의 원인을 번뇌라 하며 이 번뇌는 곧 인간의 욕망과 함께 혼합되어 있는 것입니다. 인간에게 있어서 번뇌가 일어나면 이것이 욕망화됩니다. 번뇌가 욕망으로 되어 이것이 인간을 지배하기에 이릅니다. 물론 욕망은 인생을 이끌어 가는 동력이며, 또한 산다는 것은 욕망을 구체화해 가는 것이라 할 수 있습니다. 그러나 이 욕망 때문에 괴로움을 당한다는 것도 너무나 자명한 사실입니다. 번뇌 가운데서도 가장 세력이 강한 것이 삼독三毒이라 일컫는 탐(貪, 욕심)·진(瞋, 성냄)·치(痴, 어리석음)입니다. 일반 범부들의 마음

속에는 이 삼독이 들어 있다고 합니다. 생각으로 짓는 세 가지 나쁜 행위라 하여 의삼업意三業이라 하기도 합니다. 생각도 행위로 간주하는 것이 불교의 업(業, karma) 이론입니다. 이 삼독에 만(慢, 아만)·의(疑, 의심) 두 가지가 더해져 다섯 가지를 둔한 성질을 가진 번뇌라 하여 오둔사五鈍使라는 용어를 씁니다. 이 오둔사는 성질이 둔하여 끊기가 어려운 번뇌입니다. 이와는 달리 예리한 성질을 가진 번뇌도 있습니다. 오리사五利使라 부르는 번뇌는 신견身見, 변견邊見, 사견邪見, 견취견見取見, 계금취견戒禁取見인데 지적인 소견을 잘못 가진 경우입니다.

신견이란 무아無我의 이치를 모르고, 나와 나의 것이 있다고 고집하여 집착을 가지는 견해를 말합니다. 변견은 있다거나 없다거나 하는 어느 한쪽에 치우친 소견으로, 미혹한 탓에 실상의 이치를 모르고 무조건 긍정하거나 무조건 부정해 버리는 소견입니다. 사견은 올바르지 못한 부정한 소견이며, 견취견은 옳지 못한 것을 옳다고 고집하는 소견입니다. 그리고 계금취견은 수행자들이 옳지 못한 계행을 닦는 것으로, 다시 말하면 비윤리적인 것을 윤리적인 것이라고 잘못 아는 소견입니다. 이 다섯 가지를 통칭해 악견惡見이라고도 합니다. 오리사는 지적인 번뇌이므로 바른 정견을 얻으면 쉽게 끊을 수 있으나 앞에서 설명한 오둔사는 정적인 번뇌라 끊기가 힘듭니다. 이 오둔사와 오리사를 합하면 열 가지가 되는데 이를 근본번뇌라 합니다. 번뇌가 중생의 마음을 마음대로 부린다고 해서 사使라고도 합니다.

번뇌는 그 어원이 범어 'kleśa'인데 몸과 마음을 번거롭게 하고 괴롭히는 정신 작용을 뜻하는 말입니다. 마음이 맑고 깨끗하지 못한 상태를 번뇌라고 한다는 것입니다. 구름이 끼이면 하늘이 흐리듯이 번뇌가 일어나면 마음이 본래의 청정한 상태가 아니라는 것입니다.

중생의 마음은 번뇌에 물들어 있습니다. 때문에 인간은 번뇌의 존재라 합니다. 이렇게 번뇌를 소멸시켜 가는 것이 불교 수행의 요체입니다. 그러면 번뇌가 어떻게 일어나는가? 108번뇌설에 따르면 우리가 일상생활의 보고 듣는 환경 속에서 일으키는 생각이 모두 번뇌라고 설명합니다. 육근(六根: 眼·耳·鼻·舌·身·意)이 육진(六塵: 聲·色·香·味·觸·法)을 대할 때 느끼는 감정이 여섯 갈래로 나누어 진다고 합니다. 우선 보고 듣는 객관 경계에 대하여 호(好, 좋다)·오(惡, 나쁘다)·평등(平等, 좋지도 않고 나쁘지도 않다)의 분별을 하며, 다시 고(苦, 괴롭다)·락(樂, 즐겁다)·사(捨, 괴롭지도 않고 즐겁지도 않다)의 감정을 일으킵니다. 육근이 각각 여섯 가지를 일으키므로 서른여섯 가지가 되며, 이에 다시 일념이 지니는 과거, 현재, 미래의 삼세三世의 시간이 곱해져 108가지의 번뇌가 산출된다고 합니다. 이러한 번뇌가 괴로움을 유발하는 원인이므로 번뇌를 없애면 괴로움도 없어진다는 것입니다.

멸성제

멸성제滅聖諦의 멸은 번뇌가 소멸되어 없어진 상태로 곧 열반을 뜻하는 말입니다. 번뇌가 소멸되면 물론 괴로움도 소멸됩니다. 괴로움이 없어지면 즐거움이 나타나게 됩니다. 어둠이 걷히면 밝아지듯 진정한 즐거움은 번뇌가 없어진 경지에서 누려진다는 것입니다. 『열반경』에 "모든 현상은 덧없는 것이어서 생겼다가 없어지는 법, 생겼다가 없어지는 생멸生滅 현상이 없어지면 열반의 즐거움이 있다(諸行無常 是生滅法 生滅滅已 寂滅爲樂)"고 하였습니다. 이 열반의 즐거움이 인생에 있어서 최고의 가치를 지니는 절대 행복이라고 합니다. 불교의 목적을 이고득락離苦得樂이라는 말로 나타내기도 합니다. 괴로움을 여의고 즐거움을 얻는다는 것은 생사의 고통을 떠나 해탈의 즐거움을 누린다는 뜻인데 깨달음의 진리를 체험할 때 얻어지는 대자유의 경지를 설명하는 말입니다. 괴로움이 소멸되고 욕망이 사라졌을 때 고요한 평화의 즐거움이 온 세상에 가득 넘친다는 것입니다. 그러니까 멸성제는 불교의 이상理想으로 영원한 평화와 안락이 충만한 유토피아utopia의 세계를 상징합니다. 이것이 곧 불국토인데 부처님의 세계는 괴로움이 없는 곳으로 영원하고 무한하며, 시공을 초월한 절대의 세계입니다.

도성제와 팔정도

도성제道聖諦의 도는 열반에 이르는 길을 말합니다. 괴로움의 원인을 제거하면 괴롭지 않은 열반의 세계에 이를 수 있다는 이치를 밝혀 놓고 그것을 구체적으로 실천하는 방법을 제시해 주는 것이 도성제입니다. 이는 인간의 일상생활에서 실천해야 하는 올바른 생활방법과 수행의 본질적 바탕이 되는 특별방법을 아울러 제시한 것으로 그 내용은 팔정도八正道로 설명됩니다.

• 정견正見: 바르게 보는 견해입니다. 인생과 세상에 대한 올바른 관점을 가져야 바른 삶을 살 수 있습니다. 불교의 인생관을 바르게 세우는 데 있어서는 무엇보다도 사성제의 이치를 바르게 이해해야 합니다. 괴로움의 발생과 괴로움의 소멸 그리고 소멸에 이르

는 길에 대하여 분명하게 아는 것입니다. 눈이 볼 수 있어야 방향을 잡을 수 있습니다. 정견이 바로 서야 바른 수행을 닦을 수 있는 것입니다.

• 정사正思: 바른 생각입니다. 가슴 속에 삿된 생각을 품지 않는 것을 말합니다. 뜻으로 짓는 의업을 바르게 하여 욕심·성냄·어리석음을 여의고 자비롭고 지혜로운 생각을 갖는 일입니다.

• 정어正語: 바른 말입니다. 언어생활을 올바르게 하여 나쁜 구업을 짓지 않는 것입니다. 거짓말(妄語)하지 않으며 이간질하는 말(兩舌)을 하지 않으며 꾸며대는 말을 하지 않으며 욕하는 말(惡口)을 하지 않고 진실한 말을 하고 온화하고 부드러운 말을 하는 것입니다.

• 정업正業: 바른 행위입니다. 몸으로 하는 행동을 삼가서 살생殺生하지 않고 도둑질(偸盜)하지 않으며 음란한 짓(邪淫)을 하지 않고 목숨을 구해 주고 보시를 하며 청정한 마음으로 올바른 윤리와 도덕을 실천하는 것입니다.

• 정명正命: 바른 생활입니다. 정당한 방법으로 의衣, 식食, 주住를 해결하고 신身, 구口, 의意 삼업三業을 선업善業이 되도록 해 가는

것입니다.

- 정정진正精進: 바른 노력을 말합니다. 부지런히 자기의 생활을
충실히 하여 게으름을 피우지 않는 것입니다. 선근善根을 키우고
악근惡根을 뽑아 자신을 발전시키고자 더욱 노력하는 것입니다.

- 정념正念: 바른 기억입니다. 정념의 념은 잊지 않고 바르게 기억하
여 항상 염두에 두고 실천하겠다는 의지를 놓치지 않는 것입니다.

- 정정正定: 바른 선정禪正입니다. 정定이란 마음이 한곳에 집중 통
일되어 고요해진 상태를 뜻하는 말입니다. 범어 'samadhi'를 정
定이라 번역하며 선禪의 어원은 'dhyana'입니다. '사유수思惟修'
또는 '정려靜慮'라고도 번역되는데 정을 얻는 실천적 방법을 뜻하
는 말입니다. 이 선정이 팔정도 가운데서 가장 중요한 비중을 차
지하는 특별한 수행법이라 할 수 있습니다.

이상의 팔정도는 괴로움을 소멸하여 멸성제 곧 열반에 이
르는 방법을 예시한 것으로 불교 수행의 기본이 됩니다. 말
하자면 불교의 생활 지침이요, 근본 윤리를 밝혀 놓은 것입
니다.

연기법緣起法이란 불교 교리의 주축을 이루는 근본 이론입니다. 석가모니 부처님이 깨달은 내용을 이론적으로 명시明示한 것이 바로 연기법이라 할 수 있습니다. 연기란 말은 범어 '쁘라띠따사무뜨빠다pratityasamutpada'를 번역한 말인데 이는 '쁘라띠따pratitya'와 '사무뜨빠다samutpada'의 합성어로 쁘라띠따는 '― 때문에, ― 말미암아서, ― 에 의해서'라는 뜻이고 사무뜨빠다는 '태어나다, 형성되다, 생기다'는 뜻입니다. 따라서 연기란 '― 을 말미암아서 생겨난다'는 뜻입니다. 모든 존재하는 현상은 그것을 성립시키는 여러 가지 원인이나 조건에 의해서 생겨진다는 의미입니다.

『잡아함경』에는 연기에 대한 정의를 다음과 같이 말하고 있습니다.

이것이 있기 때문에 저것이 있고 　　　此有故彼有
이것이 생기기 때문에 저것이 생긴다 　　此起故彼起
이것이 없기 때문에 저것이 없고 　　　此無故彼無
이것이 사라지기 때문에 저것도 사라진다 　此滅故彼滅

이 말은 모든 존재는 서로 의지하는 상관관계 속에서 존재할 수 있다는 말로 고립, 독존적인 존재가 없다는 것을 뜻합니다. 다시 말하면 연기란 모든 존재의 상호 의존 관계성을 설명하는 말입니다. 부처님 자신이 제자들에게 이렇게 말하기도 했습니다.

비구들이여, 연기라는 것이 무엇이냐 하면 그것은 서로 의지하는 상의성相依性이다. 나는 이것을 깨닫고 이해하였다.

또 『아함경』에는 연기의 이치를 갈대에 비유하여 설한 이야기가 있습니다. 맨땅에 갈대를 세울 때 세 개의 갈대를 서로 의지하게 해야 세워지며, 한 개나 두 개로는 바로 세워지지 않는다는 것입니다. 모든 존재는 그 존재를 이루는 요소가 있으며 이 요소가 필수적으로 갖추어져야 하는 조건이 충족될 때 존재가 성립된다는 것입니다.

예를 들어 말한다면 어떤 존재를 이루고 있는 A, B, C의 세 가지 요소가 있다고 할 때, 이들 세 요소는 서로에게 없어서는 안될 필수 조건이 되는 것입니다. A가 원인이 될 때 B와 C는 A의 조건이 되고 B가 원인이 될 때는 A와 C는 B의 조건이 됩니다. 마찬가지로 C가 원인이 될 때 A와 B는 C의 조건이 되는 것입니다. 앞의 갈대의 이야기로 다시 말하면 A, B, C라는 세 개의 갈대 가운데 어느 한 갈대가 서 있을 수 있는 것은 다른 두 개의 갈대가 있기 때문입니다. 이렇기 때문에 '이것이 있기 때문에 저것이 있다'고 하는 것입니다.

이러한 연기의 원리에서 볼 때 어떠한 존재도 우연히 홀로 존재하는 것은 없습니다. 여러 가지 원인과 조건에 의하여 생겨나 존재하게 된 것입니다. 다시 말하면 상대적으로 의존하면서 존재할 수밖에 없다는 것입니다.

이 연기법은 곧 존재의 이법理法입니다. 이것은 누구에 의해 만들어진 것이 아닌 우주만유宇宙萬有 실상의 진리로 동서고금의 차별이 없습니다. 석가모니 부처님이 이것을 깨닫고 부처가 되어 이것을 가르치기 위해 가지가지의 설법을 한 것입니다.

.... 십이인연설

불교의 본질은 인생의 괴로움을 해결하는 것입니다. 중생의 세계는 미혹으로 인한 그릇된 행위가 일어나서 결국 고통스러운 결과를 가져오는 악순환의 연속입니다. 이것을 교리

적으로 표현할 때 혹惑, 업業, 고苦의 순환이라고 합니다. 석가모니 부처님이 부다가야의 보리수 아래에서 정각을 이루었을 때, 중생의 고통이 어떻게 해서 생겨나며 어떻게 사라질 수 있는가를 관찰하고 그 이법을 이론적으로 전개해 놓은 것이 12인연설입니다. 생멸변화하는 인생의 모든 현상을 설명하는 교리로 12연기라고 말하기도 합니다. 12가지의 지支가 연결된다 하여 12지라는 말을 쓰기도 합니다. 이 설은 모든 존재의 기본적 구조를 12가지 항목의 계열을 세워 설명함으로써 생존의 조건이 연결되는 과정과 이 조건이 소멸되었을 때의 경지를 밝혀놓은 것입니다.

무명(無明, avidyā)

존재의 맨 밑바닥에 자리잡고 있는 것을 무명이라 합니다. 글자 그대로 밝음이 없는 어둠을 말하는 것입니다. 이는 곧 무지無知 혹은 무지無智라는 말과 같은 뜻으로 '모른다', '지혜가 없다'는 뜻입니다. 인생에서 생, 로, 병, 사의 고통을 초래하는 근본 원인을 가리키는 것입니다. 이 무명에서부터 중생의 업이 시작된다고 봅니다. 『대승기신론』에서는 여실히 진여眞如의 법이 하나임을 알지 못하는 상태를 무명이라 한다고 정의를 내려놓았습니다. 우주 만유에 가득한 상주 불변하는 본체를 진여라고 하는데, 이는 우리의 사상개념으로 이해할 수 없는 경지의 진실한 진리 그 자체를 두고 부르는 말입니다. 이 진여를 모르는 상태, 곧 깨닫지 못한 상태를 무명이라고 합니다. 중생의 경우에 이 무명이 과거세로부터 무한히 이어져 온 것으로, 그 시작이 인식되어지는 것이 아니라고 합니다. 그래서 흔히 시작을 모른다는 뜻을 붙여 무시무명無始無明이라 합니다. 또한 이 무명 때문에 번뇌가 일어난다고 합니다. 마치 땅이 있기 때문에 잡초가 자라듯이 번뇌의 땅이 되는 것이 무명입니다. 비유하여 말하자면 캄캄한 밤에 아무것도 보이지 않아서 동, 남 방향을 잃어버린 것과 같은 상태입니다. 그래서 무명을 미혹迷惑이라 하고, 줄여서 혹惑이라고도 합니다.

행(行, saṃskāra)

행이란 곧 행위를 말하는 것입니다. 무엇이 형성되는 힘, 혹은 만들어지는 힘을 뜻하는 말인데, 어떤 원인에서 결과가 나타나기까지의 진행될 힘이 잠재해 있는 것을 말한다고도 할 수 있습니다. 다시 말하면 업(業, karma)이 지어지는 상태, 업이 일어나는 상태가 행으로, 몸으로 하는 신행身行과 말로 하는 구행口行과 생각으로 하는 의행意行이 있습니다. 이 삼행三行을 삼업三業이라고도 하는데 모두 무명에 의해서 일어나는 것입니다. 그리고 신, 구, 의에 따른 행위가 축적되어 사람의 인격 내용이 결정되고 삼행의 행위에 의해서 형성된 습관력習慣力 또한 행인 것입니다. 바꾸어 말하면 업을 짓는 자체가 행입니다. 업을 지으면 그것을 지은 존재의 내부에 반드시 어떤 행을 유발할 잠재적인 힘이 형성되는데, 이것이 업력業力이며 업력이 있으면 행은 따라 일어나며 이 업력이 바로 앞에서 설명한 무명이 조건이 되어 생기는 것이며 업력이 형성되는 상태 또한 행입니다.

식(識, vijñāna)

인식작용 또는 분별작용을 식이라고 합니다. 여기에 안식眼識, 이식耳識, 비식鼻識, 설식舌識, 신식身識, 의식意識의 여섯 가지가 있습니다. 이는 우리의 주관을 이루는 인식작용의 갈래를 나누어 말하는 것인데 눈, 귀, 코, 혀, 몸의 오관에 의해 일어나는 인식과 마음(意根)에서 일어나는 인식까지를 육식六識이라 합니다. 그러나 대승불교의 유식설唯識說에서는 7식과 8식을 추가하여 말나(末那, manas)식과 아뢰야(阿賴耶, alaya)식을 말하지만, 근본불교의 교리인 12인연설에서는 아직 7·8식이 설해지지 않았습니다.

이 식은 반드시 행을 조건으로 일어납니다. 그리고 표면적인 의식, 다시 말하면 우리 머리에 떠오른 의식뿐만 아니라 잠재의식이나 무의식 상태에서도 식은 내재해 있습니다. 가령 꽃을 보고 꽃을 인식할 때에, 꽃을 보는 행을 경험하는 과정이 있고 난 후 잠재의식이나 직접적인 의식이 생기게 된다는 것입니다. 또한 이 식은 시간적으로 과거의 것이나 미래의 것을 생각하는 중추의 역할을 하는 것으로, 이럴 때 의식의 영역이 시간적으로 공간적으로 무한히 확대되는 것입니다.

명색(名色, nāma-rūpa)

명색이란 정신과 물질을 함께 지칭하는 합성어입니다. 명名은 오온五蘊 가운데 색色을 제외한 수受, 상想, 행行, 식識을 형성하는 인자因子라 할 수 있는 것이고, 색色은 곧 물질을 이루는 요소인 지地, 수水, 화火, 풍風의 사대四大로 구성된 객관 경계에 나타나는 물질적 현상입니다. 때로는 육체와 정신의 양면을 가리키는 말로 이해하기도 합니다. 식에 의해서 명색이 있게 된다는 것은 거울이 있으니 거울에 물체가 비쳐진다는 논리처럼, 인식할 수 있는 것이 있음으로 인식의 대상이 있다는 것입니다. 이는 주관과 객관의 관계 설정에 있

어 주관이 먼저 서는 차례를 보이는 것입니다. 식이 기능을
발휘하기 위해서는 명색이 있어야 하며 명색은 식을 조건으
로 해서 연기 된다는 것입니다.

육입(六入, ṣaḍ-āyatana)

육입이란 눈(眼), 귀(耳), 코(鼻), 혀(舌), 몸(身), 생각(意)의 여
섯 가지 감각기관을 말하는 것으로 이것을 통하여 객관 경계
를 인식하면서 주객主客이 대응하는 영역이 있게 됩니다. 이
육입이 명색을 조건으로 일어난다고 하는 것은 인간이 태어
나는 과정에서 볼 때, 식이 탁태되어 태아로 성장하는 과정
에서 아직 눈, 귀, 코 등의 근根이 갖추어지지 아니한 상태를
명색이라 하고, 육근이 갖추어진 상태를 육입이라 한 재래적
인 해석 방식이 있습니다. 하지만 외계의 사물을 인식하는
차원에서 보면 명색은 인식의 대상인 경계라 할 수 있으므
로, 이 경우에 있어서는 식과 명색과 육입은 동시에 상관관
계를 맺고 있는 것들이 됩니다.

촉(觸, sparśa)

촉이란 신체 기관을 통해서 외부의 객관 경계를 느끼는 지적
인 힘을 말합니다. 감각을 느끼는 자체가 촉입니다. 이 역시

육입을 조건으로 일어나는데 엄격히 말하면 식識과 명색名色과 육입六入이 동시에 함께 함으로써 일어나는 것입니다. 다만 인간의 몸이 성장하는 과정에서 볼 때 육입이 갖춰지고 난 뒤에 촉이 일어나는 것입니다. 시각이나 청각 등이 일어나는 상태가 촉으로, 육입이 있으므로 육촉이 됩니다.

수(受, vedanā)

수란 외부의 경계로부터 느낌을 받는 감수 작용을 말합니다. 즐거운 감정(樂受)과 괴로운 감정(苦受) 그리고 즐겁지도 괴롭지도 않은 감정(不苦不樂受)의 세 가지가 모두 객관 경계로부터 우리의 마음에 와 닿는 느낌입니다. 마치 거울에 물체의 모양이 투영되어 거울 면에 허상이 나타나는 것처럼 사물을 대할 때, 먼저 감수를 통한 인상印象이 우리의 마음속에 각인됩니다. 육근六根의 감각기관과 그 대상인 육진六塵과 인식작용이 함께 만나면 촉이 일어나면서 동시에 감정의 느낌이 일어납니다. 앞의 지支인 촉에 의해서 객관 경계가 마음 안으로 들어오는 과정입니다.

애(愛, trsna)

애란 목마른 사람이 물을 마시고 싶어하듯 무엇을 하고 싶은 욕망이 일어나는 것을 말합니다. 그래서 애욕을 갈애渴愛라고 표현하기도 합니다. 마음에 드는 것을 만나면 애착심이 생기고 마음에 들지 않는 싫은 것을 만나면 증오심이 생기는데 이 모두가 애에 해당합니다. 이 애는 인간의 마음속에 잠재해 있는 본능적 욕구이기도 합니다. 오욕락五慾樂인 이성 간의 성적인 욕구와 음식에 대한 욕구, 수면에 대한 욕구, 재물에 대한 욕구, 명예에 대한 욕구가 모두 애입니다. 고苦, 락樂 등의 감수작용이 심해질수록 거기서 일어나는 애착심과 증오심도 강해지면서 다음 지支인 취取의 집착이 애를 통해 일어나는 것입니다.

취(取, upādāna)

취란 가지려고 하는 마음에서 일어나는 집착을 말합니다. 맹목적인 충동으로 인한 애착, 갖고 싶어하는 소유욕 등이 바로 취입니다. 객관적으로 나타나는 모든 경계가 이 취에 의하여 주관의 영역 안으로 들어와 업을 발휘하는 힘을 형성하는 것입니다. 그리하여 취는 결국 업을 짓는 전위적인 역할을 하게 됩니다.

유(有, bhava)

유란 존재의 상태를 나타내는 말입니다. 곧 생존으로서 생존 자체의 근본을 유라고 합니다. 앞의 취가 업을 일으키면 유가 다음 지支인 생을 있게 하는데 존재를 존재하게 하는 것이 유라 할 수 있습니다. 말하자면 어떤 존재 자체를 건물에 비유한다면 그 건물이 앉는 자리, 즉 터를 유라 하겠습니다. 또 생물의 생명이 있다 하든가 중생의 업이 있다 할 때, 있다는 의미 그 자체를 존재하는 형태로 보아 유라 합니다. 그런데 이 유는 윤회하고 있는 모든 존재의 상태를 나타내는 말로 쓰여 욕유欲有, 색유色有, 무색유無色有로 구분해 말하기도 합니다. 또 생사가 되풀이되는 과정을 유로 나타내어 생유生有, 본유本有, 사유死有, 중유中有의 사유四有설도 있습니다.

생(生, jāti)

생명체가 태어나는 현상을 말하며 동시에 생명체의 구성 요소가 완성되는 것을 뜻하는 말입니다. 중생의 종류에 따라 태어나는 형태가 다르므로 이를 구분해서 태생胎生, 난생卵生, 습생濕生, 화생化生이라 하고 사생四生이라는 말을 씁니다. 출산이 어떻게 이루어지는가를 말하는 것입니다. 태에서 태어나거나 알에서 태어나고 습진 데서 생겨나고 생명체 자체가 다른 모습으로 다시 태어나는 경우가 있다고 하는 것입니다.

노사(老死, jarā-maraṇa)

노사란 모든 생존하는 존재가 현상적으로 쇠멸해 없어지는 것을 말합니다. 곧 생의 반대 현상으로 소멸되어 생존의 기간이 끝나는 것을 의미합니다. 고정불변의 실체가 없는 현상의 모든 존재는 무상에 속해 있는 생멸하는 존재이므로 있던 것은 없어지고 없던 것이 생겨납니다. 생을 조건으로 노사가 있다면 노사를 조건으로 생이 있다고 반대로 말할 수도 있는 것입니다. 그런데 이 십이인연의 각 지支는 생사가 어떤 과정으로 있게 되었는가를 설명하는 이론인데, 생사가 모두 고苦이므로, 고의 유발 과정을 설명하는 이론이기도 합니다. 또 이 노사는 근심(憂), 비애(悲), 고통(苦), 번민(惱)을 동시에 안겨주는 것입니다.

이상의 12인연설은 석가모니가 부다가야의 보리수 아래에서 처음 정각을 이루었을 때 중생세계의 현실적인 모습을 관찰하고 이 12인연의 이치를 알아냈다는 것으로 석가모니가 깨달은 내용을 설명하는 이론입니다. 그런데 각 지支의 일어나는 순서가 무명을 조건으로 행이 일어나고 행을 조건으로 식이 일어나 마지막 노사에 이르기까지의 과정을 관찰하는 것을 순관順觀이라 하며 이는 중생세계가 현전하는 것을 나타냅니다. 반대로 노사로부터 무명으로 거슬러 가면 중생세계의 고苦가 소멸되고 부처의 세계가 현전하는데 이를 역관逆觀이라 합니다. 또한 12인연 전체의 관계를 인과관계로 보고 이 인과관계를 과거, 현재, 미래의 삼세에 걸쳐서 설명하고, 인과관계를 두 번으로 보는 것을 삼세양중인과三世兩重因果라 하여 고래로 이 설을 많이 인용해 왔습니다. 곧 무명과 행은 과거의 원인이고 식, 명색, 육입, 촉, 수는 현재의 결과이며 애, 취, 유의 세 지분은 현재의 원인이고 생, 노사는 미래의 결과라고 보는 것입니다. 이것은 인간의 상황을 두 가지 면으로 관찰하여 그 실상이 어떠한가를 파악하는 이론입니다.

인간의 존재를 결과로서의 산물로 보며 동시에 원인으로서의 활동을 하고 있다고 보는 것입니다. 존재하는 자로서의 인간은 의식과 명색이라는 신심의 요소와 육체의 감각인 육입에 의해서 객관 대상을 접하고 그것을 감수하게 됩니다. 또한 활동하는 자로서의 인간은 애욕에 뿌리를 두고 어떤 대상에 집착하여 욕구 실현의 행동을 합니다. 이리하여 인간은 다시 존재하는 자로서의 자기 원인을 규명하여 무명과 행을 찾아내고 현실의 모습인 애, 취, 유를 통해서 새로운 생, 노, 사가 현실에 직면하게 된다는 것입니다. 이렇게 삼세에 걸쳐서 두 번의 인과를 이야기하지만 언제나 현재가 중심이 됨은 말할 나위가 없습니다. 다만 이 현재를 관념적으로 반성할 때 과거의 두 가지 원인과 현재의 다섯 가지 결과의 모습으로 나타나고, 경험적으로 인식할 때는 현재의 세 가지 원인과 미래의 두 가지 결과인 인과의 모습으로 나타난다는 것입니다.

--- 윤회설

나고 죽는 인간의 생사를 불교에서는 윤회라고 합니다. 불교의 인생관과 세계관에서 매우 중요한 위치를 차지하는 교설입니다. 사실 불교적 사고방식의 근간에는 윤회설이 깔려 있다고 볼 수 있습니다. 이른바 순환적 사고방식의 배경이 되는 이론입니다.

윤회란 바퀴가 굴러간다는 뜻이 있는 단어이지만, 여기서 죽었다가 저기서 태어나는 생사가 공간적으로 이동하여 옮

겨진다는 뜻이 있습니다. 범어로는 'samsara'인데 'sam'과 'sara'의 합성어입니다. 원래 sam은 '함께'라는 뜻이고 'sara'는 '달려간다'는 뜻입니다. 이것을 중국에서 바퀴가 돈다는 뜻으로 번역했습니다. 중생들이 여러 세계를 바퀴가 돌듯이 이리저리 옮겨가면서 돌고 있다는 뜻입니다. 한 존재가 죽으면 그가 살았던 세상에 다시 태어나거나 다른 세상에 가서 태어나며 그곳에서 죽어 또 다른 세상으로 가 태어난다는 것입니다. 마치 우리가 여기서 살다가 다른 곳으로 이사를 가서 사는 경우처럼 나고 죽는 것이 여러 곳으로 옮겨진다는 뜻입니다.

이 윤회설에서 특기할 사항은 일체중생, 곧 모든 존재는 나고 죽는 생사를 거듭거듭 되풀이하고 있다는 것입니다. 마치 해가 뜨고 지는 일이 반복되면서 하루하루 이어지는 것과 같다는 것입니다. 밤낮이 교차되면서 무한한 세월이 되듯이 생사가 교차되면서 무한한 윤회가 이루어집니다. 그러니까 생사는 언제나 멈추지 않고 진행되는 통과 과정이라는 것입니다. 그리하여 불교의 목적을 이 윤회에서 벗어나는 것이라 합니다. 윤회에서 벗어난 것을 다시 해탈(解脫, moksa)이라 합니다. 석가모니 부처님이 부다가야의 보리수 아래서 정각을 이룬 후 "나는 해탈을 얻었다. 다시는 이 세상에 태어나지 않을 자신이 있다"는 말을 했다고 합니다.

윤회 속에서 볼 때 생사, 즉 삶과 죽음은 언제나 똑같은 의미를 지닙니다. 반복되고 있는 한 과정인 점에서 둘 다 똑같은 것이기 때문입니다. 밤이나 낮이나 똑같은 시간인 것처럼 태어남은 죽음을 의미하고 죽어가는 것은 태어남을 의미합니다.

이 윤회설에서 또 하나 특기할 점은 생사를 거듭하는 윤회 속에서 몸을 받는 것이 업業에 따라 다르게 받는다는 것입니다. 다시 말하면 사람이 죽어서 다시 태어날 때 언제나 사람 몸을 받는 것이 아니란 말입니다. 예를 들면 사람이 죽어서 짐승의 몸을 받는 수도 있고 짐승이 죽어 사람 몸을 받는 수도 있다는 것입니다. 이를 전생轉生이라 합니다. 몸을 바꾸어 다른 생명체로 태어난다는 뜻입니다. 왜 이렇게 다른 생명체로 태어나게 되는 것일까요? 여기에 대한 설명을 해주는 것이 업(業, karma)입니다. 윤회의 원리는 업으로 설명됩니다. 업은 행위를 두고 하는 말인데 이 행위가 윤리, 도덕적으로 좋으면 선업이 되고 나쁘면 악업이 됩니다. 그리고 이 행위는 반드시 결과를 초래합니다. 어떤 인연에 의해서 행위가 일어나면, 그 과보果報가 뒤따라 업으로 인한 인과의 법칙이 성립됩니다. 업이 종자가 되어 이것과 일치되는 결과

의 과보가 온다는 것입니다. 쉽게 말해서 콩을 심으면 콩이
나고 팥을 심으면 팥이 난다는 것입니다. 그러므로 이 윤회
설은 업설과 인과설과 결부되어 있습니다. 중생의 업이 남아
있는 한 윤회는 끝나지 않는다는 것입니다. 불교신앙에서 이
업을 소멸하자는 참회 신앙이 있는데 업이 소멸되면 윤회가
끝나고 윤회가 끝난 세계를 열반의 세계 혹은 앞서 말한 대
로 해탈의 세계라 합니다.

중생이 업을 지어 그 과보로 태어나는 공간적 범위를 구
분하여 삼계三界, 또는 육도六道라 합니다. 삼계는 세 세계라
는 말로 욕계欲界, 색계色界, 무색계無色界가 그것입니다. 욕
계란 욕망으로 생활하는 세계로 인간세상을 위시한 축생의
세계가 있고 천상에 사는 사람과, 그 곁에 있는 아수라 그리
고 지옥과 아귀의 육도가 모두 욕계에 속합니다. 이 세계는
모두 본능적 욕구가 있어 이것에 의지해 업을 지으면서 생활
하는 곳입니다.

천상 이야기

욕계에는 천상도 여섯 개가 들어 있습니다. 욕계육천이라고
말하는 천상은 사천왕천으로부터 시작됩니다. 수미산 중턱
에 있는 천상은 동서남북의 네 방향으로 지국천持國天, 증장

천增長天, 광목천廣目天, 다문천多聞天의 네 하늘에 각각 왕이 있어 천신들을 거느리고 있다 하여 사천왕천이라 합니다. 그 다음 제2천이 도리천忉利天인데 사천왕천의 바로 위인 수미산 꼭대기에 있는 천상입니다. 맨 가운데 선견성善見城이라는 성이 있고 사방에 각각 8개의 성이 있어 천인들이 살고 있습니다. 33천이라 부르기도 하는데 가장 큰 중앙의 선견천에 제석천帝釋天이라는 왕이 있어 천상을 다스립니다. 천상의 하루가 인간 세상의 백 년에 해당됩니다. 이 천상에 처음 태어났을 때 인간 세상의 여섯 살 난 아이와 같으며 옷이 입혀진 채로 태어난다고 합니다. 그리고 천세의 수명을 누리는 곳이라 합니다. 일찍이 석가모니 부처님이 천상에 올라가서 어머니 마야부인을 위해 석 달 동안 설법을 했다 하며 그 내용이 수록된 경이 『지장경』입니다. 다음 제3천은 야마천입니다. 이 천상은 시간을 따라 쾌락을 누리는 것이 달라지므로 시분천時分天이라 부르기도 합니다. 또 낮과 밤이 연꽃의 꽃잎이 열리고 닫히는 것으로서 구분된다고 합니다. 이 천상의 하루는 인간의 이백 년이라 합니다. 다음 제4천이 도솔천으로 내원內院과 외원外院으로 나누어져 있습니다. 외원은 일반 천인들이 욕락欲樂을 누리는 곳이고 내원은 미륵보살의 정토라 합니다. 미륵보살은 일생보처(一生補處, 한 생을 지나면 부처가 될 자) 보살로 이 천상의 내원에 있으면서 천인들을 교화하며 다음에 남섬부주에 하생하여 성불할 때를 기다리고 있습니다. 도솔천의 하루가 인간세상의 사백 년이며, 아래의 사천왕천, 도리천, 야마천이 욕정欲情에 잠기어 있는 반면, 이 천상 위에 있는 화락천, 타화자재천이 욕정에 들떠 있는데 이 천상은 잠기지도 들뜨지도 않고 오욕락에 스스로 만족할 줄 안다 하여 지족천知足天이라 부르기도 합니다. 수명이 사천 세라 하며 사바세계로 와서 성불한다고 합니다. 다음 제5천의 이름은 화락천化樂天입니다. 이 천상은 자기가 대하는 모든 경계를 즐거운 욕락의 경계로 변화시킨다 하여 붙여진 이름입니다. 하루가 인간 세상의 팔백 년이며 서로 마주보고 웃으면 성교性交의 쾌감이 느껴지며 이것이 인간의 섹스sex 행위와 같다고 합니다. 아기를 낳을 때 남녀의 무릎 위에서 태어나며 인간의 12살쯤 되는 아이가 화생하여 나온다고 합니다.

욕계육천의 마지막 하늘이 타화자재천他化自在天입니다. 욕계에서 가장 높은 곳에 있는 하늘로 마왕魔王이 있는 곳입니다. 이 하늘은 남의 욕락을 마음대로 자기의 쾌락으로 삼는 까닭에 타화자재라 합니다. 어떤 생각을 일으켜 무엇을 하려고 하면 아무런 장애 없이 이루어진다고 합니다. 하루가 인간 세상의 천육백 년이고 수명은 만육천 세에 달한다고 합니다.

이상의 욕계 여섯 하늘은 모두 욕락이 최고인 곳입니다. 원래 천상의 천天은 범어 'deva'를 번역한 말로 신神이란 뜻에 해당합니다. 그러나 서양에서 말하는 유일신인 'God'를 뜻하는 것이 아니고 신령스러운 존재 혹은 귀신의 무리 등의 뜻이 들어 있는 말입니다. 이 천상에 있는 존재들도 중생의 범주에 속해 있는 무리로서 윤회를 벗어나지 못해 복福을 누리다 그 복이 다하면 하계下界로 떨어져 내려온다고 합니다. 옛날부터 전해오는 말에 중생이 윤회하는 세계인 삼계三界에 오르내리는 것이 우물에 물을 길을 때 두레박을 우물 속으로 넣어, 내렸다 올렸다 하는 것 같다고 했습니다.

욕계의 하늘 위로 올라가면 색계의 천상이 다시 전개됩니다. 이곳은 욕계천과 같은 욕망이 없어지고 깨끗하고 미묘한 물질로 이루어진 세계인데 고요한 선정의 수련을 성취한 사람들이 태어날 수 있는 곳이라 합니다. 그리하여 이 천상을 네 개의 선천禪天으로 구분합니다. 선禪이란 이름을 붙여 맨 밑에 있는 곳을 초선천初禪天이라 하고 다음 이선천二禪天, 삼선천三禪天, 사선천四禪天이라 합니다. 초선천에는 범중천梵衆天, 범보천梵輔天의 세 하늘이 있고 이선천에는 소광천少

光天, 무량광천無量光天, 극광정천極光淨天의 3천이 있습니다. 삼선천에도 역시 소정천少淨天, 무량정천無量淨天, 변정천便淨天의 3천이 있으며, 사선천에는 무운천無雲天, 복생천福生天, 광과천廣果天, 무상천無想天, 무번천無煩天, 무열천無熱天, 선현천善現天, 선견천善見天, 색구경천色究竟天의 아홉 하늘이 있어 색계천 안에는 모두 18천이 있습니다. 이상의 삼선천까지는 언제나 즐거운 낙을 일으키는 하늘이므로 낙생천樂生天이라 부르기도 합니다. 욕계의 사천왕천과 도리천은 수미산의 중상턱에 있으므로 지거천地居天이라 하고 야마천 이상은 허공 가운데 층을 이루고 있으므로 공거천空居天이라 합니다. 이 여러 천상세계는 위로 올라갈수록 천인들의 신체가 크며, 수명도 더 길어집니다. 이 색계천 위에 다시 무색계의 네 하늘이 있습니다. 공무변처천空無邊處天, 식무변처천識無邊處天, 무소유처천無所有處天, 비상비비상처천非想非非想處天의 네 하늘입니다. 비상비비상처천은 삼계 중 가장 꼭대기에 있는 하늘이라 하여 유정천有頂天이라고도 합니다. 무색계는 물질적 요소를 초월한 하늘이므로 색에 걸리는 일이 없다 합니다. 또한 천상에 사는 천인들이 장차 명을 마치려 할 때는 다섯 가지 조짐이 나타난다고 합니다. 첫째 의복에 때가 묻게 되고 둘째는 머리에 쓰고 있는 화관花冠이

시들며, 셋째는 몸에서 냄새가 나며, 넷째 겨드랑이 밑에서 땀이 나며, 다섯째 천상의 즐거운 흥이 없어지는 것입니다. 천상의 복이 훌륭하긴 해도 이곳에서 영생을 누리는 것은 아니고 다시 다른 세계로 윤회전생輪廻轉生을 하게 되어 있다는 것입니다.

지옥 이야기

천상이 가장 좋은 복을 누리는 곳인 반면 지옥은 가장 극심한 고통이 있는 곳입니다. 악업을 많이 지은 중생들이 태어나는 곳으로 원래 땅 밑에 있는 감옥이란 뜻에서 붙여진 이름입니다. 범어로는 나라카nāraka 또는 나라야naraya라 하며 음역音譯할 때는 '나락가那落迦', '나락奈落', 그리고 '니려야泥犁耶', '니려泥犁'라 표기합니다. 가장 나쁜 상태의 생을 받아 온통 괴로움만 당하는 곳으로 현세에 악업을 지은 자가 내세에 그 과보를 받아 이곳에 태어난다는 것입니다. 이는 다분히 인과의 법칙을 설명하는 이론에서 나온 설이기도 합니다. 경론經論에 따라 여러 가지 종류의 지옥을 설명하고 있으나 보통 팔열八熱지옥, 팔한八寒지옥, 고독孤獨지옥 등으로 나누어 설명합니다. 또 십팔니려경十八泥犁經에는 18개의 지옥을 설명하고 있습니다. 이것을 정리하여 체계적으로 설명하고 있는 것이 구사론俱舍論의 설명입니다. 팔열지옥은 여덟 곳의 뜨거운 고통이 있는 지옥을 말하는데 다음과 같습니다.

- 무간無間지옥: 고통을 잠시도 쉬지 않고 받음으로 붙여진 이름으로 아비阿鼻지옥이라고도 합니다. 즐거움을 느끼는 순간이 전혀 없는 곳입니다.
- 극열極熱지옥: 서로의 몸에서 사나운 불길이 뿜어져 나와 서로에게 화상을 입혀 그 고통이 극심한 곳입니다.
- 염열炎熱지옥: 불이 몸에 닿아 돌고 그 불꽃에 몸이 타서 뜨거워 견딜 수 없는 곳입니다.
- 대규大叫지옥: 극심한 고통에 못 이겨 고함을 지르고 울부짖는 곳입니다.
- 호규號叫지옥: 고통에 못 이겨 누구를 부르며 비명을 지르는 곳입니다.
- 중합衆合지옥: 여러 가지 고통이 한꺼번에 몸에 와 닿음으로 붙여진 이름입니다.
- 흑승黑繩지옥: 검은 밧줄로 먼저 신체 수족을 묶어 놓고 뒤에 도려 파는 고통을 주는 지옥입니다.
- 등활等活지옥: 죽을 것 같은 고통이 몸에 와 닿으나 죽지는 않고 소생하여 다시 죽을 것만 같은 고통이 계속되는 곳입니다.

또 팔한八寒지옥은 추위 때문에 고통 당하는 여덟 곳의 지옥을 말합니다. 팔한 지옥의 이름은 의성어나 의태어로 되어 있습니다.

마하발특마 지옥: 마하발특마란 큰 붉은 연꽃을 뜻하는 말입니다.
• 극심한 추위 때문에 몸이 터져 찢어 벌어진 것이 큰 붉은 연꽃과 같다 해서 붙여진 이름입니다.
발특마 지옥: 추위 때문에 몸이 터지고 찢어진 것이 붉은 연꽃과
• 같은 지옥입니다.
온발마 지옥: 추위 때문에 몸이 터지고 찢어진 것이 푸른 연꽃과
• 같은 지옥입니다.
호호파 지옥: 추운 고통을 견디지 못하여 호호파라는 소리를 지르
• 므로 붙여진 이름입니다.
학학파 지옥: 하하바라는 소리를 지르므로 붙여진 이름입니다.
• 알석타 지옥: 아타타라는 소리를 지르므로 붙여진 이름입니다.
• 니날부타 지옥: 추위가 몸에 닥쳐 수포가 찢어짐으로 붙여진 이름
• 입니다.
알부타 지옥: 극심한 추위가 몸에 와 닿아 물집이 생기므로 붙여
• 진 이름입니다.

팔열지옥을 팔대八大지옥이라 부르기도 하는데 여기에 부수된 지옥이 16개나 있다 합니다. 증增이라는 말은 고통이 증가되었다는 뜻으로 지옥에 처한 환경이 처참함을 설명하는 말입니다. 예로부터 지옥 변상變相이라는 그림이 있는데, 지옥에서 고통받는 모습을 그림으로 그려 나타내 놓은 것입니다. 또 각 지옥에는 감옥을 지키는 옥졸이 있다 하며 염라대왕이 이 옥졸을 거느리고 지옥을 다스린다는 설이 있는데, 이는 본래 도교에서 불교로 흡수된 이야기입니다. 천상이 선업의 과보인 반면 지옥이 악업의 과보라는 것은 이미 설명했지만 결국 이러한 이야기들은 인간의 행위를 문제 삼아서 한 것입니다. 나의 행위가 남에게 해를 주어서는 안 된다는 간단한 원칙이, 선악이 극명하게 대비되는 천상과 지옥의 이야기를 탄생시켰습니다.

천상과 지옥은 인간이 한 생애에서 지은 업이 가장 좋게 나타나고 가장 나쁘게 나타나는 것을 상징해 놓은 세상입니다. 윤회설이 등장하게 된 배경이 인간이 죽고 난 후에 어떻게 되는가 하는 의문에서입니다. 또한 뭇생명체들의 생명 자체의 상호 상관관계가 있느냐 없느냐 하는 것도 윤회설을 통해서 밝혀집니다. 그런데 이 윤회설의 가장 중요한 핵심은 인간의 업입니다. 결국 인간의 업이 다른 도道의 생을 결정하므로 인간의 업에 의해서 육도가 있게 된다는 것입니다. 다시 말하면 윤회 속에 여러 갈래의 세계가 있지만 그 중심은 인간 세상이라는 말입니다.

인간 세상이 중심이 되어 그 과보의 극선極善, 극악極惡이 천상과 지옥인데 이외에 아수라(阿修羅, asura)와 아귀(餓鬼, preta), 축생(畜生, tiryak)을 합하여 육도六道라 하고 아수라를 빼어 오도五道라 하기도 합니다. 또 중국불교에서 신선神仙을 넣어 칠취七趣라 하기도 했습니다. 취趣나 도(道 혹은 途)는 같은 뜻입니다.

아수라는 싸우기를 좋아하는 무리들로 원래 악도로 취급했는데, 천상과 투쟁을 벌이는 존재로 불법을 들을 수 있는 인연이 있어 인간, 천상과 함께 선도 취급을 받기도 합니다. 원래 용모가 단정하지 못하다 하여 무단無端이라 번역하기도 하고 천상의 인간류가 아니라 해서 비인非人이라 번역하기도 합니다. 아수라들도 도리천에 사는데 복은 하늘 무리와 같으나 못생기고 싸움을 좋아하는 점이 하늘 무리와는 다릅니다. 그러나 그들에게는 예쁜 여자는 곁에 있으나 좋은 음식이 없고 하늘 무리들은 좋은 음식은 있으나 미인이 부족하여 서로 부족한 것을 빼앗아 채우기 위하여 싸움을 한다고 합니다.

난장판이 되었다는 말로 흔히 수라장이 되었다고 하는데 수라는 아수라의 준말입니다. 아귀餓鬼는 배고픈 귀신이란 뜻입니다. 예로부터 사람이 죽은 다음에 영靈이 되어 귀신이 된다는 설이 있었습니다. 불교에서 영혼을 천도遷度하는 풍습이 있는데 이를 천도재薦度齋라 합니다. 이때 죽은 사람을 영가靈駕라 합니다. 이 영가도 중생입니다. 다시 말하면 죽은 사람의 영가도 중생의 범주에 속한다는 말입니다. 마치 사람이 잠을 자다가 꿈을 꾸어 악몽에 시달릴 때는 꿈속에서 괴로움을 당하는 것처럼, 죽은 이의 영가가 괴로움에 시달리는데 그 괴로움을 소멸시켜 주는 것이 천도입니다. 부처님의 십대제자 가운데 신통神通이 가장 빼어났던 목련존자가 아귀도에 떨어진 어머니를 구해내었다는 설화가 있습니다. 이에 의하여 생긴 풍습이 우란분盂蘭盆절의 조상 천도 풍습입니다. 우란분이란 'ullambana'를 음역한 말로 죽은 영혼이 거꾸로 매달려 고통받고 있는 것을 구해준다는 뜻입니다. 그래서 의역意譯할 때는 구도현救倒縣이라 합니다. 이 아귀들은 항상 배고픈 고통에 시달리며 목이 말라 갈증을 느끼며 항상 물을 찾는데 아귀들의 눈에는 물이 불로 보인다고 합니다.

　　축생은 짐승들의 세계를 말합니다. 물론 새나 물고기 종류도 이에 해당합니다. 뿐만 아니라 인간을 제외한 지상의 모든 생명체가 축생에 해당한다고 볼 수 있습니다. 어리석은 중생계라 이 세상의 참된 이치를 알지 못하는 세계입니다.

　지옥, 아귀, 축생을 삼악도三惡道라 합니다. 악업의 과보로 태어나는 곳입니다. 예로부터 수행자들을 경책警策한 말에 사람몸(人身)을 잃어버리지 말라는 말이 있습니다. 이 말은 죽은 다음에 악도에 가는 일이 없도록 하라는 말입니다. 가령 사람이 죽고 난 다음 생에 축생의 몸을 받든지 아귀의 몸 등을 받는다면 사람 몸을 잃어버리는 것이 됩니다. 사람이 죽어 짐승의 몸을 받았다는 이야기는 여러 설화 속에 많이 전해져 내려옵니다.

　윤회설의 또 다른 상징적인 의미는 바른 길을 가지 못하고 헤매고 있다는 것입니다. 자기가 있어야 할 곳 본래의 자리(定處)를 잃어버리고 헤매고만 있다는 뜻입니다. 나고 죽은 생사를 되풀이하고 있는 것은 결국 나쁜 업을 청산하지 못하여 잘못된 갈래의 길에서 헤매고 있기 때문입니다.

　윤회설에서는 업에 의해서 그 과보를 받는 상태가 윤회하는 현상으로 나타난다고 하였습니다. 그렇다면 업이 윤회의 주체라고 볼 수 있느냐 하는 문제가 대두됩니다. 얼핏 생각하면 업이 바로 윤회의 주체가 된다고 할 수 있습니다. 그러나 제법무아설諸法無我說을 내세우는 근본 교리의 입장에서,

윤회의 주체가 있다고 한다면 서로 상충되는 이론이 되고 맙니다. 결론은 윤회를 거듭하되 윤회하는 주체는 없다는 것입니다. 업 이론은 원인이 있으면 결과가 있다는 인과因果의 법칙을 밝히는 이야기입니다. 동시에 선인선과善因善果 악인악과惡因惡果의 윤리적 측면을 대단히 강조하고 있습니다. 다시 말해서 인과성과 윤리성의 이중구조를 지니는 것이 업 이론입니다. 여기서 인과의 성질은 자연법칙과 같은 것으로, 물이 얼면 얼음이 되고 얼음이 녹으면 물이 된다는 논리와 같습니다. 다만 선악의 도덕적 기준은 인간의 윤리적 의식에서 만들어진 인위적인 사고입니다. 업 자체는 선악이 없지만 인간의 윤리의식에서 볼 때 선악으로 구분되어집니다.

업이 행해지는 하나의 행위가 끝나면 행위 자체는 없어집니다. 그러나 그것을 행한 존재 안에 어떤 흔적이나 세력을 남겨 놓습니다. 마치 향을 태우면 향 자체는 타서 없어지지만 향의 냄새가 옷이나 천 같은 데에 배여 남는 것과 같은 이치입니다. 업이 남긴 세력을 업력業力이라 하는데, 이것이 잠재적인 에너지로 남아서 때를 기다려 업력의 성질과 일치성이 있는 어떤 결과를 가져오는 것입니다. 사실 모든 존재는 업력을 싣고 다니는 활동체입니다. 모든 존재가 살아가는 동력이 업력입니다. 이것이 죽은 뒤에는 미래를 만드는 에너지가 됩니다.

업은 존재하는 자의 현재 운명이나 미래의 운명에 절대적인 영향을 끼칩니다. 뿐만 아니라 업으로 인해 모든 존재가 만들어집니다. 가령 사람으로 태어날 업을 지었으면 사람으로 태어나고 짐승으로 태어날 업을 지었으면 짐승으로 태어나는 것입니다. 그런데 업이 지어지고 나서 그 과보가 나타날 때까지 경과되는 시간은 일정하지가 않습니다. 마치 식물의 종자가 발아하여 뿌리를 내리는데 걸리는 시간이 종자마다 다르듯, 업이 결과를 초래하는 과보를 받는 때가 다르다는 것입니다. 이것을 세 가지로 구분하여 삼시업三時業이라 하는데 금생에 지어서 금생에 과보를 받는 업은 순현업順現業이라 하고 내생에 받는 것은 순생업順生業, 그 다음 생에 가서 받는 업은 순후업順後業이라 합니다. 또 과보를 받게 되는 때가 정해져 있는 업을 정업定業이라 하는 반면 정해지지 않는 업은 부정업不定業이라 합니다.

업은 지으면 없어지지 않고 반드시 그 과보를 받게 되지만 결과가 항상 똑같이 나타나는 것은 아닙니다. 많은 변수가 있기 때문입니다. 따라서 어떤 업을 지으면 어떤 과보를 받느냐에 대해서는 정확하게 말할 수는 없습니다. 대체로 선업은 선도에 태어나고 악업은 악도에 태어난다고 말합니다.

천상세계나 인간은 선도이고 지옥, 아귀, 축생은 악도입니다. 또 지극히 상식적인 견해로서 도덕율에 입각하여 과보를 예측해서 말하기도 합니다. 가령 살생殺生업을 많이 지으면 병에 잘 걸리거나 수명이 짧아지며 투도偸盜업을 많이 지으면 가난하게 태어납니다. 그리고 사음邪淫을 일삼으면 올바른 가정을 이루지 못한다는 것 등입니다.

일반적으로 사람이 죽으면 육체는 소멸하지만 영혼은 계속 존재한다고 생각하는 경우가 있습니다. 윤회를 한다면 바로 이 영혼의 존재가 다시 다른 몸을 받아서 태어난다고 생각합니다. 그래서 인도의 힌두교나 자이나교에서는 어떤 존재가 죽어 육체가 없어지면 영혼과 같은 존재인 아뜨만ātman이라는 자아自我나 지바jiva라는 생명 원리가 있어 윤회를 한다고 합니다.

그러나 무아anātman를 주장하는 불교에서는 이와 같은 윤회의 주체를 인정하지 않습니다. 윤회를 한다 해서 한 생에서 다른 생으로 영혼과 같은 어떤 것이 일정하게 옮겨가는 것은 아니라는 것입니다. 옮아가는 것이 아니라 변화를 통해서 계속하는 것이므로 고정된 주체가 없다는 것입니다. 죽은 자가 다시 태어난다고 할 때 죽은 자와 태어난 자 사이는 불가분리의 관계입니다. 죽은 자가 태어나는 것을 밀알에 비유하면 밀알이 한 생에서 다음 생으로 이어질 수는 있지만 같은 밀알이 이어지는 것은 아닙니다. 천 년 전의 밀밭에 심어졌던 밀알이 천 년 후의 밀밭에서 수확한 밀알과 동일하지는 않습니다. 없어지고 생겨나는 현상의 반복이 있다 하더라도 고정불변의 실체가 이어지는 것은 없다는 말입니다. 없어지고 생겨나는 것은 변화의 과정이며 이 변화의 과정을 이어주는 것이 업력입니다. 『밀린다팡하』에서 나가세나 존자가 이런 말을 했습니다. "다시 태어나는 자와 죽은 자는 다르다. 그러나 다시 태어나는 자는 죽은 자로부터 나온다. 그러므로 다시 태어난 자는 죽은 자가 지은 업의 과보에서 벗어날 수가 없다."

석가모니 부처님이 열반에 드신 후 백 년쯤 지나 불교 교단이 분열되기 시작했습니다. 기원전 4세기 무렵이었습니다. 계율에 대한 해석을 둘러싸고 보수파와 진보파의 두 파가 나뉘기 시작한 것이 교단 분열의 시초였습니다. 부처님이 열반에 드시기 전 아난존자가 부처님께 질문을 하였습니다. 부처님이 열반에 드신 후에 누구를 의지해 수행해야 하는가 하는 질문이었습니다.

부처님은 이때 스스로를 등불로 삼고 법을 등불로 삼아 수행하라고 하였습니다. 이른바 자등명自燈明 법등명法燈明의 가르침이었습니다. 아울러 계율을 지켜 이 계율을 스승으로 삼아 수행하라고 하였습니다. 이는 부처님이 제자들에게 남긴 최후의 유언이라 할 수 있는 말씀입니다.

부처님이 열반에 든 후 제자들은 부처님이 가르친 교법의 말씀과 계율에 관한 것을 정리해 이것으로 수행의 지침을 삼고자 했습니다. 그러다 시간이 점점 지남에 따라 부처님의

교법과 계율을 해석하고 실천하는데 입장을 달리하는 견해
가 나오게 되었습니다. 그것은 불교가 여러 지방으로 퍼져
전파 범위가 넓어지고 시대 사정이 조금씩 변함에 따라 기후
나 풍습 그리고 생활습관의 차이가 생기고 이러한 영향이 출
가 수행자들에게도 미치게 되었기 때문이었습니다. 따라서
부처님의 교법과 율에 대한 이설異說이 생겨나 교단이 하나
로 통일되지 못하고 분파가 생기게 된 것입니다. 이를테면
출가 수행자인 비구들은 신도들로부터 금이나 은 따위의 보
시를 받아서는 안 되는 것이었지만, 일부 비구들은 물질적
가치가 커져 가는 시대변화에 부응해 그것을 받아도 무방한
것으로 하자고 해 이 계율의 완화를 주장하게 되었습니다.

이리하여 전통적인 계율을 고수하려는 보수적인 경향을
띤 상좌부(上座部, theravāda)와 율 조항을 융통시켜 새로이
해석하려는 진보적 경향을 띤 대중부(大衆部, Mahā - saṃgika)
로 나뉘게 된 것입니다. 이를 근본 분열이라 합니다.

그후 다시 교법상의 해석을 둘러싸고 또는 유력한 스승의
지도에 따른 수행가풍의 차이와 지리적 거점에 따라 근본 분
열한 두 파가 다시 12파와 8파로 나누어져 도합 20부파가 생
기게 되었습니다. 이 시기의 불교를 부파불교라 하였고 분열
이전의 불교를 근본불교, 원시불교 또는 초기불교라 부르게

되었습니다.

　부파불교 시대에 접어들면서 불교의 교리 전개에 대한 많은 연구가 이루어져 여러 가지 이론이 성립하였습니다. 이때 부처님 가르침 전반에 대해 심도 있게 연구하고 논의하여 아비달마(Abhidharma, 阿毘達磨)라는 논서論書가 나와 불교의 교법을 방대하게 종합 정리하게 되었는데, 이 시기의 불교를 논서의 이름을 따서 아비달마불교라 하기도 합니다. 아비달마란 '교법에 대하여'라는 뜻으로 대법對法이라 번역됩니다. 부파불교라는 말이 교단의 분열된 형태를 나타내는 말인 반면 아비달마는 그들이 주장하는 교법상의 이론을 사상적으로 종합해 놓은 형태라 할 수 있습니다.

　초기불교의 부처님 교설이 주로 '무상無常하다', '괴로움(苦)이다,' '무아無我이다'라는 말로 요약되고 인연으로 이루어진 모든 존재를 5온五蘊, 12처十二處, 18계十八界로 설명했지만, 아비달마불교에서는 이를 더욱 세부적이고 체계적으로 분석 설명하여 다분히 사변적으로 치우친 이론이 많이 등장했습니다. 물론 이 아비달마는 교법을 학문적이고 철학적으로 발전시키는 계기는 되었지만 번쇄한 이론이 오히려 수행의 어려움을 낳고 또 부파간의 불필요한 논쟁을 초래하기도 하였습니다. 특히 난해한 교리와 엄격한 계율을 요구하는 출가 중심의 수행자들 외에 부처님에 대한 소박한 믿음을 갖고 있던 재가자들은 부처님에 대한 정의적情意的인 마음의 교류를 얻고 싶어 일부 출가자들과 함께 부처님의 사리를 봉안한 수뚜파stūpa를 찾아 예배 공경하는 풍습이 생겼습니다. 다시 말하면 사변적인 교리에 입각하여 불교를 수행하는 것이 아니라 불탑에 대한 신앙심을 일으켜 부처님 행적이 남아 있는 곳에 탑을 세우고 또 그러한 곳을 순례하게 되었습니다. 이러한 일련의 사례는 불교의 신행을 일반생활 속에서 자연스럽게 실천하는 불교의 종교적 관습을 새로 형성하게 된 것입니다. 이 무렵 많은 불탑이 건립되고 또 여기에 꽃이나 향 등이 바쳐지고 때로는 귀중한 보물이나 귀금속 등도 바쳐졌습니다.

이렇게 불탑이 숭배되면서 부처님을 더욱 신성시하여 마침내 중생을 구제하는 이로 받들어 부처님의 격을 한층 더 높이는 결과를 가져왔습니다. 최고의 수행자로서 이상적인 수행의 모범을 보여준 부처님이 탁월한 능력의 소유자로 모든 사람들에게 이익을 제공해 주는 구세불救世佛로 그 이미지 변화를 가져오게 한 것입니다. 이러한 배경으로 새로운 불교운동이 서서히 일어나게 되었습니다.

    부파불교의 사변적이고 현학적인 교리 이론에 치중된 경
향이 끝내 비판을 받기 시작했습니다. 부파간에 교리적 논쟁
이 일어나고 자파의 주장만 내세우는 우월주의가 생기면서
깨달음을 추구하는 수행 집단에서 반목과 질시도 나타나게
되었습니다. 이에 이러한 폐단을 불식하고 부처님 가르침의
참 뜻을 훼손하지 않고 바로 세워야 한다고 생각하는 사람들
이 새로운 불교 실천운동을 펴기에 이르렀습니다. 우선 부파
의 주장보다 교조 석가모니를 흠모하면서 부처님에 대한 예
경을 지극히 하고 탑을 세우는 등 부처님을 가까이 느끼려는
일련의 움직임이 일어난 것입니다. 이들은 불교를 손쉬운 방
법으로 몸소 실천하고 여러 사람과 공동으로 하는 것을 좋아
했습니다. 여기에서 불탑신앙이 생기고 더 나아가 보살사상
이 형성되었습니다. 세속적인 현실을 다분히 초월하여 자리
적이고 독선적인 수행을 위주로 하던 방법을 지양하고 이타
행을 베푸는 방법으로 수행해야 한다고 주장하였고, 이에 보
살이라는 말이 새로 등장했습니다.

    보살菩薩이란 보리살타의 준말로 범어 '보디사트바bodhi-
sattva'를 음사한 말입니다. 보디는 '각覺, 깨달음', 사트바는

'중생衆生 혹은 유정有情'이라 번역합니다. 그러니까 깨달은 중생이라는 말이지만 그 의미는 다소 포괄적으로 쓰이게 되었습니다. 깨달으려 하는 중생, 곧 각을 추구하는 사람, 또 남을 깨닫게 해 주는 사람이라는 뜻을 모두 포함하는 말이 되었습니다. 그리고 마하살摩訶薩이라는 말도 있는데 이것도 보살을 호칭하는 말입니다. 마하는 '크다'는 대大의 뜻이고 살은 역시 살타입니다. 그러니까 큰 중생이라는 말인데 이는 큰 마음을 지닌 사람이라는 뜻입니다. 남을 위하여 자기의 뜻을 크게 가지는 사람, 많은 사람들을 태워 즐거운 곳으로 데려다 주는 사람, 이런 사람들을 보살이라고 부르게 되었으며, 이 보살들의 정신을 대승(大乘, mahāyāna)이라 하였습니다. 이는 글자 그대로 많은 사람을 태우는 큰 수레라는 뜻이며, 대승이 일어나기 이전의 불교를 대승의 반대인 소승이라 부르게 되었습니다. 사상 전개면에서는 대승이 부파불교의 대중부에서 발전되어 나온 것이라 보고 있습니다.

이 대승에서는 부처님을 소승의 아라한 수행을 완성한 자로 보지 않고 그 이상의 초능력을 소유한 자로 격상시켜 보게 되었습니다. 이미 과거의 수많은 생을 거쳐오면서 많은 수행 경력을 갖추어 그 능력이 탁월하여 단순히 번뇌를 끊고 해탈을 얻은 아라한들과는 다르게 보게 되었습니다. 특히 부처님의 전생 이야기를 담은 경전들이 나왔고 이를 본생담(本生譚, jātaka)이라 하였으며, 이 경 속에는 자신을 희생하여 남을 구원하는 살신성인殺身成仁의 내용이 많이 수록되어 있습니다. 이는 모두 역사적인 사실이 아니지만 부처님의 대자대비한 정신을 상징적으로 극대화하여 표현한 이야기들이었습니다. 그리고 이러한 정신을 보살정신이라 하였으며, 보살정신을 바탕으로 한 이타행 위주의 수행을 보살도라 하였습니다. 그리고 보살도는 대승을 실천하는 전형적인 상징이 되었고, 따라서 가장 이상적인 수행자상을 보살로 보게 된 것입니다. 보살상이 등장하면서 성문聲聞이나 연각緣覺들, 소위 이승二乘들을 평가절하하여 완전한 수행자 상으로 취급하지 않고 오직 보살들이라야 완전한 수행자 상이 된다고 보았던 것입니다. 물론 대승이 일어나기 이전에도 보살이라는 말은 경전 속에서 쓰였습니다. 많은 선행을 닦아 미래의 성불이 보장된 보살들의 이야기가 경전 속에 자주 나옵니다. 그러나 대승의 보살들은 불전의 보살들과 다른 특징이 있습니다. 이들은 성불을 약속 받는 보살이 아니라 큰 서원을 발하여 어디까지나 보살도 실천으로 중생교화에만 전념하는 자들로 자신의 성불을 보장받는 데 전혀 신경을 쓰지 않는 점입니다.

　　대승불교의 보살도는 이타행의 원력에서 시작된다는 것
이 자리自利 위주의 소승 수행과 다른 점입니다. 여기에 보살
수행의 덕목으로 육바라밀이 설해집니다. 바라밀이란 범어
'pāramitā'의 음사로서 보통 저 언덕에 이른다는 뜻으로 번역
됩니다. 'para'는 저 언덕(彼岸)이란 뜻이고 'mita'는 도착된
상태를 뜻하는 말입니다. 이 말은 동시에 최상의 상태가 되
었다는 뜻과 모든 것이 완성되었다는 뜻이 함께 갖추어져 있
습니다. 그런데 이 바라밀을 실천할 수 있는 힘이 공(空,
śūnya)의 이치를 터득한 반야로부터 나와서 궁극적으로 그
반야에 일치된다는 것입니다.

　　『대품반야경大品般若經』「누교품累敎品」에 부처님이 아난
에게 다음과 같이 말씀한 대목이 있습니다.

　　보살마하살이 최후의 깨달음을 얻고자 한다면 마땅히 6바라
밀을 닦아야 하느니라. 왜냐하면 아난아, 6바라밀은 보살마하살
의 어머니로서 모든 보살을 낳기 때문이니라. 아난아, 만약 보살
마하살이 6바라밀을 닦는다면 모두 최후의 깨달음을 얻으리라.
이런 까닭에 6바라밀을 거듭 너희에게 부촉하는 것이다. 아난

아, 6바라밀은 모든 부처님의 진리가 담겨 있는 이루 다할 수 없는 법의 창고(法藏)이니, 시방의 부처님이 지금 법을 설하는 것은 모두 6바라밀 법의 창고로부터 나온 것이며, 과거 모든 부처님 또한 6바라밀을 닦음으로써 최후의 깨달음을 얻었으며 미래의 모든 부처님 또한 6바라밀을 닦음으로써 최후의 깨달음을 얻게 될 것이다. 그리고 과거, 현재, 미래의 모든 불자들 또한 이 6바라밀을 통해서 열반을 얻을 것이니라.

삼승三乘의 교법을 비교할 때 성문聲聞은 4제의 이치를 알아 번뇌를 끊는다는 점을 강조하고 연각緣覺은 12인연법을 관하여 적정寂靜에 든다는 점을 강조하고 보살菩薩은 6바라밀을 실천한다는 점을 강조해 부각시킵니다.

보시바라밀

보시布施란 남을 위하여 베푸는 것을 말합니다. 범어 'dāna'를 번역한 말로 은혜를 베푼다는 뜻입니다. 은혜를 어떻게 베푸는가 하는 방법을 두고 물질로써 베푸는 것을 재물 보시財施라 하고, 진리를 가르쳐 올바로 알게 하는 법의 보시(法施)가 있으며 두려움을 없애주고 근심을 덜어 주는 무외시無畏施라는 보시가 있습니다. 또 보시를 행하면서 어떤 대가나

공을 바라지 않고 요컨대 비워진 마음에서 보시하는 것을 상相없이 보시하는 무주상無住相 보시라 합니다. 한역漢譯에서 보시를 자생資生이라는 말로 바꾸어 쓰기도 하는데 남이 잘 살도록 도와준다는 뜻입니다. 인간의 삶에 있어서 사회의 일원이 된 각자가 서로 도우면서 살아야 된다는 기본 윤리를 제시해 놓은 것이라 할 수 있습니다.

지계바라밀

지계持戒란 계를 지킨다는 뜻이며, 범어 'śīla'를 번역한 말입니다. 이는 악을 소멸하고 선을 보호 육성하는 고도의 윤리의식을 제고하는 말입니다. 5계, 10계, 혹은 250계, 500계 등의 계의 조목 수를 나타낸 구분이 있지만, 잘못된 행위, 곧 악업을 사전에 예방하고 나쁜 결과가 오는 것을 미리 막자는 뜻에서 윤리적 신념을 가지고 지조 있게 살자는 것입니다. 특히 대승에서는 타율적인 계율지상주의에서 능동적이고 자발적인 이타 계행을 더욱 강조합니다. 여기에 삼취정계三聚淨戒가 설해져 모든 중생을 거두어 보살피며(攝衆生戒), 일체 선법을 거두어 실천하며(攝善法戒), 모든 도덕적 모범을 갖추는(攝律儀戒) 실천 윤리가 있습니다.

인욕바라밀

인욕忍辱이란 참고 용서하는 것을 말합니다. 범어 'kṣānti'의 번역으로 내 마음속에 원망이나 미움, 시기, 질투 등을 담아 두지 말라는 뜻입니다. 사바세계를 고해苦海라 하듯이 괴로움이 많은 세상을 살려면 참고 용서해 나가야 한다는 것입니다. 『법구경』에는 이런 말이 있습니다.

> 미움은 미움으로 사라지지 않는다. 미움은 오직 인욕으로서 극복되는 것이니 이것이 바로 영원한 진리이다.

또 일인장락一忍長樂이라 하여 참고 사는 것이 뒷날의 즐거움을 가져온다고 하였습니다. 한번 참으면 길이 편안합니다.

정진바라밀

정진精進은 'vīrya'의 번역입니다. 열심히 노력하는 근면성이 인생에서 가장 소중한 것임은 말할 것도 없습니다. 더구나 강한 의지의 실천력이 없이는 보살행은 성취되지 않습니다. 부처님이 열반에 들기 전에 여러 제자에게 이 세상 모든 것이 덧없으니 게으르지 말고 부지런히 정진하라는 유훈을 남

겼습니다. 좋은 일을 도모하여 그 공덕을 키우는 일이야말로
세상 사는 진정한 보람이 되는 것입니다.

선정바라밀

선정禪定은 'dhyāna'의 번역으로 마음이 고요하고 안정되어
들뜨지 않는 것을 말합니다. 보통 삼매(三昧, samādhi)를 말
하여 정신이 한곳에 집중 통일된 상태를 이르나, 원래는 사
유수思惟修 혹은 정려靜慮라 번역되기도 했습니다. 이 선정
수행은 가장 중요한 깨달음의 관문이 됩니다. 달마스님은 '마
음을 관하여 선정을 이루는 것이 모든 세상일을 거두는 일(觀
心一法 總攝諸行)'이라 했습니다. 계율을 지키는 것도 선정을 이
루기 위한 것이며 또한 선정에서 지혜를 얻게 되는 것입니다.

반야바라밀

'반야(般若, prajñā)'는 지혜를 말합니다. 객관 대상을 인식하
는 사유 분별의 망상을 떠난 지혜입니다. 중생이 주관과 객
관을 상대적으로 놓고 분별하는 지식은 지구상에 밤과 낮의
시간대 구별이 있는 것과 같다면 반야의 지혜는 밤낮의 분별
이 없는 태양과 같은 것입니다. 이를 무분별지無分別智라 합
니다. 『반야심경』에서 반야바라밀을 의지해 마음에 장애가

없고, 마음에 장애가 없기 때문에 두려움이 없으며, 전도된 생각을 멀리 떠나 마침내 열반에 이른다고 했습니다.

.

2부

경전

　일반적으로 성인의 말씀을 기록한 책을 '경經'이라 합니다. 경經이란 한자漢字는 날줄經絲을 뜻하는 말인데, 직물을 만들 때 날줄이 근본이 되고 여기에 씨줄을 넣어 짜게 되므로 '근본'이라는 뜻이 있습니다. 따라서 '경經'은 근본 진리를 가르치는 책이라는 뜻입니다.

　팔리어pali로는 'sutta', 범어(梵語, sanskrit)로는 'sūtra'라 하는데, 이것이 '경經'이라는 한자어로 번역되었습니다. 'sutta'는 원래 힌두교의 성전으로 짤막하게 운문체 형식으로 쓰인 글귀를 가리키는 말이었다고 합니다. 'sūtra'는 수다라修多羅라고 음사하는데 계경契經이라고 의역하다가 경經이라 했습니다.

　부처님은 성도한 후 곳곳을 다니면서 설법하여 교화 활동을 시작했습니다. 남전(남방불교 전승)에서는 35세에 성도하여 80세에 열반에 들어 45년간 설법을 했다 하고, 과거 북전설(북방불교 전승)에서는 30세에 성도하여 49년간 설법하고 열반에 들었다고 하여 약간의 차이가 있습니다. 이렇게 부처님 생전에 설법해 놓은 것을 부처님이 열반에 드신 후, 그 설법 내용을 후세에 전하기 위해 제자들은 부처님 말씀을 정리하는 사업을 시작했는데 이것을 '결집結集, saṃgīti'이라고 합니다.

처음 제1결집은 부처님 열반 직후에 왕사성 밖의 칠엽굴七葉窟에서 행해졌습니다. 그때 가섭존자가 우두머리가 되어 오백 명의 비구와 함께 편찬을 했는데 아난이 경장經藏을, 우바리가 율장律藏을 송하고 대중이 따라 합창하여 입으로 전하는 것을 결집했습니다. 이것을 'saṃgīti'라 하는데 '합송合誦'이라는 뜻입니다. 쉽게 말하면 노래 가사를 외워 노래를 부를 수 있게 되듯이 부처님의 설법 내용을 함께 합창하여 전승시킨다는 뜻입니다.

제2결집은 불멸 후 100년경에 행해졌습니다. 베살리 성에서 700명의 비구가 모여 계율을 바로잡기 위해 행해졌는데, 이때를 기점으로 불교사에서 보면 교단이 상좌부(上座部, Sthavirah)와 대중부(大衆部, Mahasamgika)로 분열되어 나뉘는 계기가 되었습니다. 이 2회 결집까지는 부처님의 설법을 문자로 기록하지 않고 암송을 했다가 다음 제자에게 들려져 구전하는 식으로 부처님의 가르침이 전해졌습니다.

제3결집은 2회 결집 후 다시 100년쯤 뒤인 아소카왕 때 이루어집니다. 제수帝須를 중심으로 천 명의 승려가 화씨성

(華氏城, Pataliputra)에 모여 한 결집으로 아소카왕의 후원하에 이루어진 것입니다. 이때 비로소 문자로 기록되기 시작했는데, 다라(Tala, 多羅) 나무의 잎인 패엽貝葉에 쓰인 최초의 경전, 패엽경貝葉經이 만들어졌습니다.

제4결집은 2세기 전반 대월지국의 카니소카왕의 뒷받침으로 이루어졌는데, 이때는 부파불교部派佛敎가 형성된 때라 여러 부파의 이설異說을 통일시키기 위해 경장經藏과 율장律藏에 대한 많은 주석서가 만들어졌습니다. 다시 말해 삼장三藏 가운데 논장論藏이 성립된 때입니다.

이후에도 불경의 성립은 계속되었습니다. 특히 기원전 2세기부터 시작되어 5세기에 이르기까지 대승경전大乘經典이 성립되었습니다. 더욱이 불교가 각 나라로 전파됨에 따라 때와 장소에 따라 종파가 형성되고, 그 종파에 따른 소의경전들이 유통되기도 했습니다.

불교 관계의 모든 전적典籍을 총칭하여 대장경大藏經이라 하는데, 모든 경전을 전부 포함하고 있다는 뜻으로 일체경一切經이라고도 합니다. 여기에 주로 삼장三藏이 갖추어져 있으므로 삼장 전체를 대장경이라고도 합니다. 삼장이란 경장經藏, 율장律藏, 논장論藏을 말하는데 '장藏'이란 저장하는 광주리라는 뜻으로 경經을 담은 것을 경장, 율律을 담은 것을 율장, 논論을 담은 것을 논장이라 합니다.

경經이란 부처님이 가르친 교법상의 말씀이요, 율律이란 부처님의 제자 곧 수행자들이 지켜야 할 도덕윤리적 규범인 계율에 관한 말씀입니다. 그리고 논論이란 경이나 율에 대하여 해석하여 보충 설명을 해 놓은 것을 말합니다.

대장경大藏經을 줄여서 '장경藏經'이라고도 하는데 이 장경藏經이 어떤 언어로써 성문화되었느냐에 따라 그 종류가 나누어집니다.

·· 팔리어장경(巴利語藏經)

불교의 발상지인 인도는 많은 민족이 공존하는 나라이기 때문에 사용하는 언어의 종류가 많은 곳입니다. 그중에 문법 체계를 갖추고 있는 대표적인 것이 팔리어(巴利語, Pali)와 범어(梵語, Sanskrit)입니다. 부처님 자신이 사용하였던 언어는 마가다magadha어 혹은 프라크리트prakrit어였다고도 하는데 부처님의 입멸 후 경전이 결집될 때 처음 사용되었던 언어가 팔리어였습니다. 그리하여 팔리어장경이 먼저 완성됩니다. 팔리어란 인도 고대 사회의 서민들이 쓰던 언어인데

이 언어로 편찬된 경을 팔리어장경이라 부르며 현재 남방의
여러 나라 스리랑카Sri-Lanka, 타이Thailand, 미얀마Myanmar
등지에 전해지는 경전입니다. 남방에 전해진 경이라 하여 남
전장경南傳藏經이라고도 합니다.

팔리어 경전은 보통 5부五部로 되어 있는데 장부長部, 중
부中部, 상응부相應部, 증지부增支部, 소부小部입니다. 이 5부
중 장부長部, 중부中部, 상응부相應部, 증지부增支部는 한역
경전의 4아함四阿含과 비슷한 내용입니다.

······························· 범어장경(梵語藏經)

팔리어 경전에 이어 범어 경전이 이루어진 것은 인도 카
니슈카왕 때 카슈밀 지방에서였습니다. 불교경전편찬회의
에서 범어를 불교 성전어로 한다는 결의를 하고 이어 범본梵
本 경전을 편찬한 것입니다. 범어는 팔리어와는 달리 인도의
상류층이 사용하던 언어인데, 이 범본 경전이 중국으로 전해
져 나중에 한역 경전을 번역할 때에 대본이 됩니다.

불교가 북쪽으로 전해져 중국에 오기까지 티베트를 경유하게 되었는데 티베트에서도 불경을 번역하여 장경을 완성했습니다. 대략 7세기 전반에 송첸감포(松贊干布, 617년~650년)라는 티베트의 왕이 승려를 인도에 파견하여 인도 어문을 배워 오게 해서 역경 사업譯經事業을 벌였다고 전해집니다. 그러나 범어를 개조해 만든 티베트어로 번역하였기 때문에 준범어적인 성격을 띠고 있습니다.

중국은 한무제漢武帝 이래 여러 차례 인도와 문화 교류를 해 오다가 4세기 동진 때부터 왕조의 뒷받침으로 대대적인 역경 사업이 추진되었습니다. 인도에서 건너 온 승려들이 중국에 남아 많은 역경 사업에 종사했는데, 대표적인 인물이 구마라습(鳩摩羅什, kumārajiva)이나 진제(眞諦, paramārtha) 삼장三藏 같은 사람이며, 당나라 때의 현장玄奘삼장은 불세출의 역경가였습니다. 이들의 공로로 한역 장경이 완비되었고 송나라 때에 와서는 경판으로 새겨져 《관판대장경官版大藏經》 또는 《개보판대장경開寶版大藏經》이라는 훌륭한 문화유산이 남겨지기도 했습니다.

이상과 같이 팔리어 장경, 범어 장경, 티베트어 장경, 한역 장경으로 경전이 나라에 따라 유통되다가 현대에 와서는 서양의 영어나 일본어 또 우리나라의 경우 한역을 한글로 번역한 우리말 경전 등 여러 종류의 경전이 있게 되었습니다.

한역 대장경 중 우리나라 《고려대장경》의 우수성은 널리 알려져 있습니다. 같은 한문권인 중국과 우리나라에서 만들어진 장경 중 단연 백미라 할 수 있는 찬란한 문화유산입니다. 중국에서는 역대 왕조 중 북송 때부터 목판대장경을 조성하여 북송판 금판을 위시해 원나라, 명나라, 청나라 때 만들어진 장경들이 산재하여 전해지고 있습니다. 이웃 나라 일본에서는 불교의 학문적 연구가 활발해져서 활자活字로 간행된 《신수대장경新修大藏經》이란 장경이 1900년대에 들어와 편찬되어 현재 가장 많은 양을 수록하고 있습니다.

삼장三藏을 합한 불전의 양은 실로 엄청나게 많습니다. 타 종교의 전적典籍과 비교할 수 없을 만큼 많은 양의 전적을 지닌 종교가 불교입니다.

흔히 우리는 '팔만대장경八萬大藏經'이라는 말을 자주 합니다. 또 부처님 설법 전체를 '팔만 사천 법문'이라 하기도 합니다. 여기서 '팔만 사천'은 인도 사람들이 곧잘 써서 나타내는 '대수' 혹은 '만수'의 의미가 들어 있습니다. 다시 말해 많다는 수치를 8만 4천으로 표현했다는 뜻입니다.

하지만 실제로 대장경에 수록된 경전의 양은 얼마나 될까요? 장경에 따라 다소 차이가 있지만 우리나라 《고려대장경》의 경우 목판의 판수가 81,258장입니다. 그리고 경전의 종류별 부수가 1,514부이며 권수卷數로 되어 있는 수효는 모두 6,805권에 해당합니다. 다시 말해 1,514종류의 경전이 6,805권으로 구성되어 있다는 것입니다.

참고적으로 일본에서 근대에 이르러 활자로 편찬한 《신수대장경》의 경우 2,236부의 경 종류에 9,006권이나 됩니다. 물론 이러한 숫자 안에는 불교에 관한 역사를 기술하고 있는 책과 각 나라의 고승전 같은 것도 포함되어 있습니다. 《신수대장경》의 경우 우리나라의 『삼국유사』나 『해동고승전』 등도 사전부史傳部에 수록되어 있습니다.

《신수대장경》에는 아함부阿含部, 본연부本然部, 반야부般若部, 법화부法華部, 화엄부華嚴部, 보적부寶積部, 열반부涅槃部, 대집부大集部, 경집부經集部, 밀교부密教部, 율부律部, 석경론부釋經論部, 비담부毘曇部, 중관부中觀部, 유가부瑜伽部, 논집부論集部, 논소부論疏部, 제종부諸宗部, 사전부史傳部, 사소부事疏部, 외부교전外部敎典, 산담부産談部, 고일부古逸部 등 경전의 부류가 나뉘어 수록돼 있습니다. 아시아 3국인 한국과 중국 그리고 일본의 경우를 비교하면, 한국의 《고려대장경》과 일본의 《신수대장경》은 질적으로 세계 으뜸이고, 중국의 대장경은 양적으로 세계 으뜸입니다. 체계적인 면에서는 《신수대장경》이, 오자가 없는 정확성에서는 우리나라의 《고려대장경》이 세계 제일입니다.

눈이 있는 자는 빛을 보라

· 숫타니파타 ·

부처님 당시에 바라문 청년들이 대거 부처님께 귀의해 부처님의 제자가 된 적이 있습니다. 그 장면이 『숫타니파타 Sutta-nipāta』 제3장 「대품」에 나옵니다.

부처님이 이들에게 "눈이 있는 자는 빛을 보라"는 말로 수행에 대한 용기와 자신감을 북돋아 줍니다. 이 말의 뜻은 부처님의 법은 어둠을 밝히는 빛으로, 누구든지 눈이 있으면 사물을 보듯이 있는 그대로를 보게 된다는 것입니다. 어두워 보이지 않았던 것을 부처님이 횃불을 밝혀 어둠을 물리쳤으니 누구든지 보고 싶은 사람은 와서 보라는 뜻이 담겨 있는 말입니다.

흔히 부처님을 해에 비유해 불일佛日이라고 합니다. 어둠을 밝히는 해와 같은 역할을 부처님이 한다는 것입니다. 중생을 무명無明 중생이라 하여 어둠에 갇혀 있는 존재로 봅니다.

어두운 밤에 불빛이 없으면 아무것도 보이지 않듯이 깨닫지 못한 중생들은 항상 진리에 어둡습니다. 그렇기 때문에 어둠을 제거해 밝음 속에서 보고 싶은 대로 보라고 일러준 것이 부처님의 가르침입니다. 『숫타니파타』의 이 말은 부처님의 가르침이 어떤 것인가를 단적으로 비유하여 알기 쉽게 설명한 말입니다.

『숫타니파타』는 경을 모은 '경집經集'이라는 뜻을 가진 말입니다. 이 경은 수많은 불경 가운데 가장 먼저 만들어진 경으로 초기경전을 대표합니다. 때문에 초기불교를 이해하고 석가모니 부처님에 대해 역사적 인물로 이해하는 데 있어서는 매우 중요한 경입니다.

부처님이 열반에 드신 후 제자들이 생전에 설한 말씀을 암송해 부처님의 가르침을 구전口傳시킨 것을 최초의 경전 결집이라 합니다. 그러다가 팔리어라는 언어를 통해 비로소 문자화되면서 경전이 새로운 체제를 갖추게 됐습니다. 『숫타니파타』는 바로 팔리어장경에 들어 있는 경으로 운문체의 짧은 시와 같은 형식으로 이루어진 부분이 많습니다. 마치 『법구경』과 비슷하게 돼 있습니다.

이 경은 모두 다섯 장章으로 돼 있는데 대개의 경전이 다 그러하듯이 각 장이 따로 전해지다가 어느 시기에 와서 함께 묶인 것으로 보입니다. 그때를 대략 아쇼카왕 재세 시인 기원전 3세기 중엽, 제3결집이 이루어진 시기로 봅니다.

제1장의 이름이 사품蛇品으로 돼 있는데 뱀이 허물을 벗는 것에 비유해 수행자의 정신을 경책해 놓은 말이 많이 나옵니다.

뱀의 독이 몸에 퍼지는 것을 약으로 치료하듯 치미는 화를 삭이는 수행자는 이 세상 저 세상을 모두 버린다. 마치 뱀이 허물을 벗어버리는 것처럼.

뱀이 묵은 허물을 벗어버리는 것처럼 수행자는 이 세상 저 세상을 다 버린다는 말이 노래 가사의 후렴처럼 계속 나옵니다. 이는 바로 수행자는 이 세상 어디에도 집착을 가져서는 안 된다는 뜻을 강조한 말입니다. 또 무소의 뿔처럼 혼자서 가라는 말도 나옵니다. 그런가 하면 유명한 법구라 할 수 있는 "그물에 걸리지 않는 바람처럼 살라"는 말도 나옵니다.

세속적인 입장에서 볼 때 인생을 장애물 경주라고 말하듯 이 세상은 삶 자체에 장애가 많습니다. 수도의 세계에도 물론 장애가 있습니다. 때문에 고행의 길을 가야하는 것이 수행자의 길인데 다만 수행자는 어떠한 환경에서도 상처받는 삶을 살아서는 안 된다는 것입니다.

어디에도 상처받지 않고 살아가는 초연한 자세가 그물에 걸리지 않는 바람과 같다고 비유해 말한 것입니다.

고해를 건너 피안에 이르는 길
· 불본행경 ·

불경 가운데 부처님의 생애를 찬탄하는 내용으로 이루어진 경전이 있습니다. 『불본행경佛本行經』과 『불본행집경』 그리고 경 자가 붙어 있지 않은 『불소행찬』이 그것입니다.

불교를 올바로 이해하는데 중요한 한 가지는 교조인 부처님의 생애에 대한 정확한 이해가 있어야 한다는 점입니다. 이를 위해 제 문헌을 종합, 부처님의 생애를 바로 알려는 노력이 필요합니다.

『불본행경』은 편찬자가 누구인지 밝혀지지 않고 있지만, 송나라 때 보운寶雲이 한역한 것으로 돼 있습니다. 그 내용은 마명(馬鳴, aśvaghoṣa)이 지은 『불소행찬』과 비슷합니다. 또 사나굴다가 번역한 『불본행집경』 역시 부처님 일대기입니다. 이러한 경들이 부처님의 본행(本行, 생의 과거형)에 대하여 기술하고 있어 본생담을 설한 경으로 간주되는 것입니다. 때문에 석가모니 부처님의 생애를 역사적 사실로 기술한 것이 아니라 부처님의 행적을 초역사적으로 기술하고 있는 특징이 있습니다.

『불본행경』은 운문체로 쓴 아름다운 문장으로 부처님의 생애를 찬탄하고 있습니다. 7권 31품으로 돼 있는데 언제 편성된 것인지 확실하지 않습니다. 학자들은 여러 가지 사항을 검토한 결과 이 경이 1세기를 전후해 편성됐을 것이라고 추정합니다.

이 경은 처음에 경을 펴게 된 인연을 이야기하고 부처님이 도솔천에서 내려온 이야기, 성의 4문을 통해 유행하다가 목격한 인간의 늙고 병들고 죽는 이야기, 염부수 아래서 근심하던 이야기, 그리고 출가한 이야기, 빔비사라왕을 위한 설법, 다섯 비구 제도와 교화활동, 도리천에 올라가 어머니 마야부인을 위한 설법, 정광불 찬탄, 미친 코끼리를 항복 받은 이야기, 부처님의 열반, 그리고 여덟 명의 왕들이 사리를 분해한 이야기 등 부처님 생애를 31품으로 나누어 간결하게 서술하면서 곳곳에 교리적 의미를 삽입시켜 매우 우아하게 엮어 놓았습니다.

부처님 경전을 전하는 것은 세상을 크게 이익되게 하는 것이다. 경전을 전해 받는 사람은 큰 경사를 얻고 일체중생은 윤택함을 얻는다.

「인연품」에 설해져 있는 말로 부처님의 경전을 전하는 이유를 밝히고 있습니다. 아쇼카왕이 수많은 탑을 세우고 불교를 부흥시킴으로서 천·용·귀신들까지 기뻐하는데 금강역사가 부처님을 회상하면서 슬픈 표정을 짓고 있자, 천인들이 그 까닭을 묻습니다. 이에 금강역사가 천상과 인간을 교화하시던 부처님을 추모하는 중이라 합니다.

이때 천인들은 부처님 명호를 듣고 크게 기뻐 공경하는 마음으로 금강신에게 묻되, 부처님이 어떤 분이며, 무슨 좋고 미묘한 덕이 있으며, 어떤 지혜의 힘이 있고, 그 모습은 어떠하며, 어떻게 스스로 장엄되어 있는지 설해달라고 합니다. 금강신은 이들을 위해 부처님의 덕을 찬탄하고 생애를 노래하니, 이것이 이 경이 시작되는 첫머리의 내용입니다.

고해를 건너 저 언덕에 이르게 하고, 애욕의 강물을 마르게 하고, 나고 늙고 죽는 죽음의 못을 메우고 큰 법의 바다를 열어주셨네.

「칭찬여래품」에서 부처님을 찬탄한 말입니다.

너는 말을 데리고 그냥 가거라. 갔다가 다시와 나를 찾아라.

일이 성취되면 고향에 돌아가지만 성취하지 못하면 죽기를 기약
하리라.

　부처님이 출가할 때 마부 차익이 모는 말을 타고 밤중에
성을 빠져 나옵니다. 그리하여 출가한 싯달타가 마부 차익을
돌려보내면서 한 말입니다. 곧 도를 이루지 못하면 고향에
돌아가지 않고 차라리 죽겠다는 이 말은 죽음을 무릅쓰고 기
필코 도를 이루겠다는 비장한 각오와 결의가 담겨 있는 말입
니다.

바른 법 모르면 생사의 길이 멀다

· 법구경 ·

잠 못 이루는 자에게 밤은 길고 피로에 지친 자에게 갈 길은 멀듯이 어리석은 자에게는 생사의 길이 멀다. 바른 법을 알지 못하기 때문이다.

『법구경』「우암품」에 나오는 이 말은 수행자들을 경책하는 잠언으로 널리 회자되고 있는 구절입니다.

『법구경』의 원명은 '담마 파다Dhamma Pada'로 진리의 말씀이란 뜻입니다. 진리를 법法이라 번역하고 말씀을 구句라 번역해 법구경이라 했습니다.

이 경의 원전은 팔리어로 된 남전상좌부계의 경전 속에 들어 있습니다. 찬집한 사람이 인도의 법구法救였다는 설이 있으나 한역의 『법구경』은 중국 삼국시대 오나라의 유기란維祇難이 번역했다고 알려져 있습니다. 그런데 이 경은 어느 한 사람에 의해 한꺼번에 이루어진 것이 아니라, 여러 사람의 손을 거쳐서 수집된 경으로 보고 있습니다. 경문의 문체가 운문 형식의 게송으로 돼 있습니다. 이는 초기 경전 가운데 설해진 부처님의 말씀 가운데 게송으로 된 부분만을 발췌해 모았기 때문입니다. 다시 말해 원시교단 안에서 여러 가지 형태로 널리 유포되고 있던 부처님 말씀인 시구詩句들 가운데서 가장 교훈적인 훌륭한 구절만을 뽑아서 엮은 앤솔러지anthology입니다.

그리고 엮어진 시기는 대충 서력기원 전 3~4세기경으로 보고 있는 것이 일반적 견해입니다. 원래 26장에 423개의 게송이 들어 있었다 하나, 유기란이 번역한 한역본에는 13장이 추가돼 39장 752송으로 돼 있습니다.

이 경은 불교의 교의를 가장 간명한 논리로 가르치고 있으며, 따라서 불교입문의 지침서가 되는 경이라 할 수 있습니다. 특히 수도자들의 언행에 대해 여러 가지 비유를 들어 날카로운 경책을 하고 있습니다. 그래서인지 방대한 불경 가운데서도 예로부터 부처님의 참뜻을 그대로 전하고 있는 경이라 하여 널리 애송돼 왔습니다. 실제로 '부처님의 시집'이라 할 정도로 세계 여러 나라 언어로 번역되어 유포돼 있습니다. 팔리본 외에 범본 '우타나품'이 전해지고 또 서장본이 있습니다. 우리나라《고려대장경》에도 수록되어 있고 일본의《신수대장경》에도 수록돼 있습니다.

만약 사람이 백년을 살지라도
그릇되게 배워 뜻이 좋지 못하면
그것은 단 하루를 살면서
부지런히 바른 법을 받는 것만 못하다.

마음은 모든 법의 근본이 된다.
마음이 주인이 되어 모든 일을 시키나니
마음속으로 악을 생각하면서
그대로 말하고 그대로 행하면
죄의 괴로움이 저절로 따르는 것이
마치 수레가 바퀴자국을 따르는 것 같으리.
진실한 것을 거짓으로 생각하고
거짓인 것을 진실로 생각하면
그것은 끝내 그릇된 소견이다.
마침내 참 이익 얻지 못하리.

나고 죽는 것은 덧없고 공한 것이니
그것을 잘 보는 것을 지혜라 한다.
일체의 괴로움을 여의려 하거든
다만 부지런히 도를 행하라.

환희심 갖고 참된 신심을 발현하다
· 승만경 ·

부처님이 사위국 기수급고독원에 계실 때 그 나라의 왕인 파사닉왕과 왕비 말리부인이 부처님께 귀의하여 불법을 믿기 시작했습니다. 부처님 법에 깊이 심취되어가던 그들이 이미 아유사국에 시집가 있던 딸 승만에게 편지를 써서 부처님 공덕을 찬탄하면서 불법에 귀의하기를 권합니다. 궁녀 찬다라가 가지고 간 편지를 전해 받은 승만 부인은 환희심을 내어 참된 신심을 발하고 이내 부처님을 찾아가 귀의하고 수기를 받습니다.

이리하여 열 가지 큰 서원을 세우고 법을 설하는데 부처님이 이를 증명하고 인가하는 내용으로 이루어진 경이 『승만경』입니다. 따라서 이 경의 주인공은 어디까지나 승만 부인이며 다른 보살이나 제자들이 전혀 등장하지 않습니다.

이 경의 원 이름은 『승만사자후일승대방편방광경勝鬘獅子吼一乘大方便方廣經』으로 승만 부인이 일승의 대방편을 널리 펴기 위하여 사자후한 것을 담은 경이란 뜻입니다. 이 경은 『유마경』과 함께 재가 불자에 의해 설해진 경으로 대승의 이념을 잘 찬양하고 있습니다.

우리나라에서는 신라 때 중국의 수나라에 갔다 돌아온 안홍安弘법사에 의해 전래되어 연구된 경으로 원효스님도 이 경을 매우 중시했습니다. 아유사국 우칭왕에게 시집간 왕비 승만이 발심해 부처님께 귀의하여 불법신행의 자기 원력을 말한 것인데 이 경이 차지하는 비중이 높게 평가되는 것은 부파불교시대의 관념적이고 추상적인 교리의 난맥상을 탈피해 실제적인 인간의 현실생활에 대승의 정신을 회향시킨 점 때문이라 할 수 있습니다.

이 경은 구나발타라394~468가 한역한 1권으로 된 짧은 경이지만 여래장사상의 전거가 되는 대표적인 경으로 알려져 있습니다.

15장으로 나눠진 각 장중 「법신장」에는 사제四諦의 가르침을 일승의 입장에서 풀이하면서 번뇌장에 얽혀 있는 여래장이 법신이라 하여 즉신성불卽身成佛을 강조했습니다.

「십대수장十大受章」의 승만부인 서원은

"세존이시여, 저는 오늘부터 보리에 이를 때까지

① 받은바 계에 대하여 범할 생각을 일으키지 않겠습니다.

② 어른에 대하여 교만한 마음을 일으키지 않겠습니다.

③ 중생에 대하여 성내는 마음을 일으키지 않겠습니다.

④ 남에게 대하여 질투하는 마음을 일으키지 않겠습니다.

⑤ 모든 것에 대하여 인색한 마음을 일으키지 않겠습니다.

⑥ 나만을 위하여 재물을 모으지 않겠으며, 무릇 받는 것이 있다면 가난하고 곤궁한 중생들을 돕도록 하겠습니다.

⑦ 자신을 위하여 사섭법四攝法을 행하지 않을 것이며, 모든 중생들을 위하여 애욕에 물들지 않는 마음과 걸림이 없는 마음으로 중생들을 거두어들이겠습니다.

⑧ 고독한 자, 병을 앓는 자, 고통과 재난을 당하고 있는 사람들을 본다면 잠시도 버리지 않고 그들의 고통을 모두 벗어나게 한 뒤에 떠나겠습니다.

⑨ 살아 있는 짐승을 붙잡아 기르거나 계를 범하는 것을 보면 힘이 닿는 데까지 그들을 타이르고 거두어 나쁜 일을 고치도록 하겠습니다.

⑩ 바른 법을 깊이 새겨 잊어버리지 않겠습니다."

이상의 십대수 서원은 보살도 정신이 깃든 이타행을 일상생활 속에서 평범하게 실천하겠다는 의지를 보인 법문입니다.

향을 쌌던 종이에는 향내가 난다

· 법구비유경 ·

어느 날 부처님이 설법을 하고 돌아오던 길이었습니다. 제자인 비구들이 부처님을 에워싸고 함께 동행하고 있었습니다. 얼마쯤 왔을 때 길가에 버려진 휴지조각이 있었습니다. 부처님이 이를 보고 "저 휴지가 어디에 쓰였던 것일까?" 하고 물었습니다. 한 제자가 얼른 휴지조각을 주워 냄새를 맡았더니 향내가 났습니다.

"이 종이는 향을 쌌던 종이인 것 같습니다. 향내가 나고 있습니다." 이렇게 대답하자 부처님은 그러냐 하는 표정을 짓고 말없이 길을 계속해 걸었습니다. 얼마를 더 왔을 때 이번에는 길가에 새끼토막이 하나 버려져 있었습니다.

"저 새끼는 무엇에 쓰였던 것일까?"

아까처럼 한 제자가 새끼토막을 주워 다시 냄새를 맡았습니다. 그리고 다시 부처님께 말씀을 드렸습니다.

"이 새끼는 썩은 생선을 묶었던 것인 것 같습니다. 썩은 생선 비린내가 나고 있습니다."

이렇게 대답하자 부처님이 걸음을 멈추었습니다. 제자들

도 걸음을 멈추고 무슨 말씀을 하시려나 하고 귀를 기울였습니다.

"비구들이여, 선업을 짓는 사람이 있고 악업을 짓는 사람이 있다. 선업을 짓고 사는 사람은 향을 쌌던 종이가 향내를 풍기는 것처럼 그 사람의 마음에서 향기가 나오고 악업을 짓고 사는 사람은 그 사람의 마음에서 악취가 나오게 된다. 향기를 풍기는 사람의 마음이 세상을 아름답게 한다."

"대개 어떤 사람이라도 그 사람의 마음이 본래는 깨끗하지만 모두 인연을 따라 죄와 복을 일으키는 것이다. 현명한 사람을 가까이하면 도의 뜻이 높아지고 우매한 이를 벗하면 재앙이 오는 것이다. 그것은 마치 종이가 향을 쌌기 때문에 향내가 나고 새끼는 생선을 꿰었기 때문에 비린내가 나는 것과 같아서 차츰 물들어 친해지면서도 사람들은 그것을 깨닫지 못한다."

『법구비유경法句譬喩經』「쌍요품」에 나오는 이 이야기는 인간의 선행과 악행을 향기와 악취에 비유한 것으로 향기롭게 사는 것이 삶의 참된 의미임을 설한 법문입니다.

오탁악세의 혼탁이 인간의 심성을 자꾸만 오염시키고 있는 오늘의 세태를 생각해 보면 어떤 것이 인간의 참모습일까 하는 의문이 생깁니다. 모두가 정신없이 허둥대면서 자기 정체를 잃어버리고 자아성찰에 둔해지고 있습니다. 날로 악업이 늘어나 사회가 불안해지는 판국입니다. 그런 속에서도 현대인들은 과학문명의 발달로 고도의 문명 속에서 산다고 자랑합니다. 하지만 어쩌면 우리는 문명에 깊이 중독되어 스스로의 마음을 혼탁하게 해 사는지도 모릅니다. 어서 발심을 하여 해독의 처방을 자신의 마음 안에서 내려야 합니다. 법정스님께서는 살아생전 오래전부터 '맑고 향기롭게' 운동을 펼치셨던 줄로 알고 있습니다.

마음을 지혜롭게 쓰지 못하면 스스로 정신적으로 불우한 환경에 빠지기 쉬운 것입니다. 환경오염이 생태계를 위협하는 것처럼 마음의 오염이 정신적인 불구의 결과를 가져 오는 법, 세상을 맑게 하는 것이 이 시대의 시급한 과제이기도 합니다.

『법구비유경』은 서진西晉 때 법거法炬와 법립法立이 공동으로 번역했으며 4권으로 되어 있습니다. 전체의 품이 40품으로 나눠져 있는데 『법구본말경』 혹은 『법유경』이라고 부르기도 합니다. 운문체로 된 『법구경』과 같은 내용에 비유의 이야기가 많아 누구나 쉽게 이해하도록 했습니다.

어리석음 깨우쳐 지혜를 닦는다
· 백유경 ·

불경 가운데 『이솝우화』처럼 풍자적인 설화가 많이 수록되어 있는 경이 있습니다. 여러 가지 비유로 중생의 어리석음을 깨우쳐 일상의 지혜를 닦게 하는 내용이 주를 이루고 있는 이 경은 백 가지 비유를 들어서 말씀했다 하여 『백유경百喩經』이라 합니다. 경의 전문을 보면 모두 98가지의 짧은 이야기가 모아져 있는데 하나같이 어리석음을 풍자해 놓은 이야기들입니다.

옛날에 어떤 부자가 있었습니다. 재산은 많이 가지고 있었으나 어리석고 무식하기 짝이 없었습니다. 그가 어느 날 다른 부잣집에 가 보니 3층으로 잘 지어진 누각이 있었습니다. 높고 웅장하며 퍽 시원해 보였습니다. 부러운 생각이 든 그는 이렇게 생각했습니다.

'나는 저 사람보다 더 많은 재산을 가지고 있다. 나만 못한 저 사람이 이렇게 좋은 누각을 가지고 있는데 나는 왜 이런 누각을 짓지 않았는가?'

그래서 그는 곧 목수를 불러 말했습니다.

"저 집처럼 좋은 누각을 지을 수 있겠는가?"

목수는 대답했습니다.

"저 누각은 바로 내가 지은 것입니다."

"내게도 저와 똑같은 누각을 지어다오."

이에 목수는 땅을 고르고 벽돌을 쌓아 누각을 짓기 시작했습니다. 그는 벽돌을 쌓아 누각을 짓기 시작하는 것을 와서 보고 갑자기 의혹이 일어나 목수에게 물었습니다.

"어떻게 누각을 지을 것인가?"

"1, 2층을 먼저 짓고 나중에 3층을 지을 것입니다."

이 말을 들은 부자는 엉뚱한 주문을 했습니다.

"나는 아래 두 층은 가지고 싶지 않다. 맨 위층인 3층만 지어다오."

"어찌 그럴 수 있겠습니까? 아래 1층을 짓지 않고 어떻게 2층을 지을 수 있으며 2층을 짓지 않고 어떻게 3층을 지을 수 있겠습니까?"

그러나 그는 고집을 부리며 "내게는 아래 두 층은 필요 없다. 반드시 맨 위층인 3층만 지어다오"라고 했습니다. 이때 사람들이 이 말을 듣고 모두 비웃으면서 말하기를 "어떻게 아래층을 짓지 않고 위층만 지을 수 있겠는가. 참으로 어리석기 짝이 없다"

했습니다.

비유하면 이렇습니다. 부처님 제자들이 부지런히 삼보를 공경하여 정진을 하지 않고 게으름을 피우면서 도를 얻으려는 것, 곧 노력 없이 결과만 바라는 어리석음을 풍자한 것입니다.

이상은 98가지 가운데 열 번째 나오는 이야기입니다.

『백유경』의 우화는 모두 어리석음을 깨우치는 상징성 있는 이야기들입니다. 여기서 어리석다는 것은 세상의 인과법因果法을 모르거나 믿지 않고 무시하는 것을 말합니다. 사실 불교의 신행은 인과법을 믿는 데서부터 시작되는 것입니다. 원인이 좋아야 결과가 좋으며 원인이 나쁘면 결과가 나쁘다는 인과의 이치를 설해 놓은 이 경의 법문은 세상을 바르게 사는 지혜는 올바른 행위를 통해서 나타난다는 것을 알려주고 있습니다.

『백유경』은 『법구비유경』과 함께 제목에 비유라는 말이 들어 있어 경 전체가 비유 설화임을 밝히고 있습니다. 전부 4권으로 되어 있으며, 5세기에 인도의 승려 승가사나(僧伽斯那, Sanghasena)가 찬집하고 그의 제자 구나비지(求那毘地, Gunavrddhi)에 의해 492년에 한역되었습니다. 설법의 대상

이 평범한 보통 사람들로 전문적인 수도인 만이 아니며, 사
변적인 논리를 내세우는 교리적 난해성이 전혀 없는 점이 이
경의 특징이라 할 수 있습니다.

인격적 객체는 존재하지 않는다
· 미린다왕문경 ·

불교의 교리를 두 사람의 논담을 통해서 이해할 수 있는 경전이 있습니다. 『밀린다팡하Milindapanha』라고 하는 이 경은 한역에서는 『미린다왕문경彌蘭陀王問經』 혹은 『나선비구경那先比丘經』으로 번역되어 있습니다. '경'이라는 말이 붙어 있으나 엄격히 말하면 대론서對論書라고 할 수 있습니다.

그리스 알렉산더 대왕의 인도 원정 이후 서북 인도는 한때 그리스 왕들에 의해 통치됐는데, 기원전 2세기 후반에 그 지방을 통치한 왕이 메난드로스Menandros입니다. 이 왕의 이름 메난드로스를 팔리어로 '밀린다'라고 합니다.

왕은 곧잘 수행승들에게 질문을 퍼부어 상대방을 난처하게 만들기로 유명했는데, 대론을 하여 자기의 의문을 해소시켜 줄 수 있는 수행자가 인도에는 아무도 없다고 개탄을 합니다. 그러자 대신인 데바만티아가 왕에게 나가세나(Nagasena, 那先)라는 장로가 지혜가 뛰어나고 변재가 좋다고 추천해 왕은 나가세나를 찾아가 두 사람의 대담이 시작됩니다.

나가세나를 만난 왕은 먼저 그의 이름을 묻습니다. 이에 대한 대답이 묘합니다.

　"대왕이시여, 나는 나가세나로 알려져 있습니다만 이 나가세나라는 이름은 이름에 지나지 않고 거기에 인격적 개체는 없는 것입니다."

　이 말에 왕은 무척 놀란 표정을 짓습니다. 마주보고 이야기를 하는 당사자가 자기는 인격적 개체가 아니라고 하니, 그럼 말을 하는 사람은 누구이며 듣는 사람은 누구란 말인가. 의혹이 일어났습니다.

　"나가세나로 불리는 존재는 그럼 도대체 누구인가요? 머리카락이 나가세나인가요?"

　"대왕이여, 그렇지 않습니다."

　"몸에 있는 털들이 나가세나인가요?"

　"그렇지 않습니다."

　왕은 치아, 피부 등의 신체를 구성하는 온갖 부위 하나하나를 들어가며 따져 묻지만 나가세나는 모두 부정을 합니다. 왕은 끝내 나가세나라는 존재의 단적인 것을 찾아내지 못하자 마침내 나가세나가 거짓말을 했다고 힐책을 합니다. 이에 나가세나는 반론을 개시합니다.

　"대왕이 여기에 오실 때 무엇을 타고 오셨습니까?"

"수레를 타고 왔습니다."

"대왕이여, 수레를 타고 오셨다면 무엇이 수레인가를 내게 말해 주시겠습니까?"

"수레의 채가 수레인가요?"

"스님, 그렇지 않습니다."

"수레의 축이 수레인가요?"

"그렇지 않습니다."

이런 식으로 멍에인가, 바퀴인가, 채찍인가 하고 따져 묻지만 왕은 계속 부정을 합니다.

나가세나는 왕의 논법을 뒤집어 그대로 왕에게 반문을 한 것입니다. 왕은 채와 기타의 부속물에 의해 수레라는 명칭이 생겨난 것을 인정하지 않을 수 없게 합니다. 그래서 나가세나는 신체의 구성 부분에 의해서 나가세나라는 이름이 생기며, 인격적 개체는 존재하지 않는다는 대답을 유도해 냅니다. 왕은 나가세나에게 속으로 감탄을 하게 된 것입니다.

이 대목은 불교의 무아설無我說을 해석한 것으로 보아 무아설 설명에 자주 인용하기도 합니다. 하지만 아비달마 교학에 의한 무아설과는 취지가 다르다고 보는 견해도 있습니다.

나고 죽어 가는 곳을 알게 되리라

· 사십이장경 ·

부처님이 사문에게 물으셨습니다.

"사람의 목숨이 얼마 사이에 있는가?"

"며칠 사이에 있습니다."

"그대는 도를 모르는구나."

다시 다른 사문에게 물었습니다.

"사람의 목숨이 얼마 사이에 있는가?"

"예, 밥 한 끼 먹는 사이에 있습니다."

"그대도 도를 모르는구나."

세 번째로 다른 사문에게 물었습니다.

"사람의 목숨이 얼마 사이에 있는가?"

"예, 숨 한번 쉬는 호흡지간에 있습니다."

"장하다. 그대는 도를 알았구나."

『사십이장경四十二章經』에 설해져 있는 내용입니다. 『사
십이장경』은 무척 간단명료한 경입니다. 한 권으로 된 간명
한 문장을 통하여 수도자들의 수행관을 밝게 명시해 놓았습

니다. 전문이 모두 42장으로 되어 있다 해서 『사십이장경』이라 합니다. 이 경을 『유교경』과 『치문緇門』에 수록된 「위산경책」과 더불어 불조삼경佛祖三經이라 하여 예로부터 중국에서 매우 중요시 여겨왔습니다.

또한 이 경은 중국에 불교가 들어온 이후 가장 먼저 번역된 경으로 알려져 있습니다. 처음 번역된 것이 후한 때 가섭마등과 축법란에 의해서입니다. 이 두 사람은 서기 67년 중국에 처음 불교를 전해온 사람들입니다.

35장에 보면 사람은 태어남으로부터 늙음에 이르고, 늙음으로부터 병에 이르고 병으로부터 죽음에 이릅니다. 그 괴로움은 한량이 없습니다. 마음은 괴롭고 죄는 쌓입니다. 그러면서도 생사는 쉬지 않고 계속되니 그 괴로움은 이루 다 말할 수 없는 것이라 하여 인생의 괴로운 상황을 설명하며, 하늘과 땅, 산과 냇물 등 천지만상 모든 것이 하나같이 무상하지 않은 것이 없다 했습니다. 이 무상을 더욱 극적으로 절실하게 나타낸 것이 사람의 목숨이 호흡지간에 있다는 말입니다.

18장에는 무아를 설하여 몸속의 4대 곧 지地, 수水, 화火, 풍風의 화합물인 이 몸뚱이를 '나'라고 집착하는 어리석음을 깨우쳐 줍니다. 그리고 이러한 어리석음과 고뇌가 어디서 오는 것인가를 31장에서 밝혀 설명하면서 '사람은 애욕으로부터 근심을 낳고 근심으로 인해 두려움이 생긴다. 애욕이 없으면 근심도 없고 근심이 없으면 두려움도 없다' 했습니다. 애욕을 고뇌의 근원이라 하여 이 경은 애욕을 경계해야 할 대상으로 보고 칼날에 묻은 꿀을 혀로 핥는 것에 비유하고 또 횃불이 손을 태우는 것에 비유하기도 했습니다. "애욕을 끊고 공空을 지키면 도의 참모습을 보리라." 이 말은 도의 눈을 상실하는 근원적인 원인이 애욕에 있다는 뜻입니다.

또 이 경은 깨달음의 길을 생각하여 쉬지 않고 정진해 나가는 것이 뗏목이 강의 양쪽 기슭에 닿지 않고 흐르는 것과 같아야 한다는 비유도 설해 놓았습니다. 또한 부처님께서는 수행을 극단적으로 하지 말고 자기 근기에 맞춰 적당하게 해야 한다는 조현지법調絃之法을 말씀하셨습니다. 이는 거문고의 줄을 너무 조이면 줄이 터질 위험이 있고 너무 느슨하게 매면 제 소리가 나지 않아 곡조가 맞지 않는 것처럼 지나친 고행이나 방일을 경계해 중도적 실천으로 수행을 해야 한다는 것을 강조한 말입니다.

부처님 생각으로 선정을 이루다

· 반주삼매경 ·

　부처님이 왕사성 죽림정사에 계실 때 발타화 보살을 비롯한 수많은 청중에게 설법을 하셨습니다. 그때 발타화 보살이 부처님에게 바다처럼 넓고 깊은 지혜를 얻기 위하여 어떻게 수행해야 하는가 하고 질문했습니다. 이 물음에 대해 부처님이 대답하시기를 부처님이 자기 앞에 계신다고 생각하는 반주삼매般珠三昧를 닦으면 지혜를 얻을 수 있다고 대답하셨습니다. 이리하여 반주삼매에 대하여 설해 놓은 경이라 하여 이 경을 『반주삼매경般珠三昧經』이라 부르게 되었습니다.

　이 경은 3권으로 되어 있고 품수로는 모두 16품으로 되어 있으며, 월지국의 지루가참支婁迦讖이 동한東漢 영제靈帝 때 (179년)에 번역한 것으로 되어 있습니다. 또 같은 역자로 번역된 불설이라는 말이 앞에 붙어 있는 『불설반주삼매경』이라는 경도 있는데 이는 반주삼매경에 설해져 있는 내용을 간략히 줄여 한 권으로 만든 경입니다.

　『반주삼매경』의 다른 이름은 『시방현재불실재전입정경 十方現在佛悉在前立定經』이라 하여 경의 제목에 반주삼매의 뜻을 설명하고 있습니다. '시방의 현재 부처님이 모두 앞에 서 있다고 관하고 선정을 닦는 경'이란 뜻입니다. 또 역자가 다른 경으로 사나굴다가 번역한 『대승대집경현호분』 5권이 있으며 이 경의 주석서로는 신라 때 원효스님이 지은 『반주삼매경소』와 『반주경약기』가 있습니다.

반주般珠란 범어 프라퓨트판나pratyutpanna를 음사한 말로 '항상 행한다'는 상행常行이라 번역하며, 현재 앞에 나타나 있다는 뜻의 말입니다.

이 경에서는 불도를 닦으려면 반드시 부처님을 일념으로 생각하는 반주삼매의 선정을 닦아야 한다고 강조하고 있습니다. 「비유품」에서 여러 가지 비유로 반주삼매를 닦아야 하는 것을 설해 놓았는데 반주삼매를 닦으려 하지 않는 것은 마치 보물을 가득 실은 배가 물속으로 가라앉는 것을 보고도 아까워하지 않는 것과 같다고 했습니다. 아미타불을 생각하는 염불에 관한 이야기도 나오는데 두 번째 품인 「행품」에 보면 보살이 마음을 한 곳에 집중하여 서방 극락세계의 아미타불을 생각하면 아미타불이 오래지 않아 그의 앞에 서 있는 것을 똑똑히 볼 수 있다 했습니다. 네 가지 수행법을 설한 「사사품四事品」에는 반주삼매를 닦으려면 굳은 신심과 부단한 노력, 뛰어난 지혜 그리고 훌륭한 스승의 네 가지가 갖추어져야 한다고 설했습니다.

　이 경에는 또한 과거 부처님의 명호가 여럿 등장합니다. 「산라야불품」에서는 먼 옛날 산라야 부처님이 계실 때 부잣집 아들이었던 수달이 반주삼매를 배워 부처가 된 이야기를 하면서 누구든지 반주삼매를 닦으면 부처가 될 수 있다 하였고, 또 「사자의불품」에서도 먼 옛날 사자의 부처님이 계실 때 유사금왕이라는 임금이 사자의 부처님으로부터 반주삼매법을 듣고 기뻐하다가 나중에 부처가 되었다 설하면서 이 경을 얻기 위해서는 비록 4천리 밖에 있다 하더라도 어서 와 경을 구해야 한다 했습니다. 뿐만 아니라, 반주삼매의 법을 얻기 위해서는 스승을 잘 섬겨야 하며 때로는 목숨을 바칠 준비도 되어 있어야 한다 했습니다.

　불교를 일념공부라 말하는 경우가 있는 것처럼 『반주삼매경』에서는 부처님이 내 곁에 있다는 생각 하나로 선정을 이루어 부처가 된다는 단순하고 소박한 수행법을 제시해 놓았다고 볼 수 있습니다. 또 이 경은 출가자나 재가자나 모두 계율을 잘 지키며 수행할 것을 아울러 당부해 놓은 대목도 있습니다.

자신을 등불로 삼고 법을 등불로 삼아라
· 장아함경 ·

어느 때 부처님이 라자그라하에 계시다 천이백 명의 비구들을 데리고 바이샬리에 도착했습니다. 그때 부처님이 비구들에게 말씀하셨습니다.

"너희들은 마땅히 자신을 등불로 삼고, 법을 등불로 삼아 다른 것을 등불로 삼지 말라. 자기에게 귀의하고 법에 귀의하여 다른 데 귀의하지 말라."

이 말씀이 바로 유명한 자등명법등명自燈明法燈明의 설법입니다.

불교의 수행은 어디까지나 스스로 하는 자력 수행입니다. 물론 신앙적인 방편에서 본다면 불보살께 귀의하고 의지하는 타력적인 요소가 있으나 궁극적인 깨달음의 성취는 자기의 수행으로 이루어지는 것이기 때문에 자력 종교라 하며, 사람이 깨달아 부처가 되는 것이기 때문에 인간 본위의 수행이므로 인본주의 종교라 합니다.

이것이 불교의 특징입니다. 위의 부처님 말씀은 『아함경』 가운데 『장아함경長阿含經』에 나오는 이야기입니다.

불교의 대본大本이라 할 수 있는 말로 인본주의 자력종교이기 때문에 부처와 중생은 깨닫고 깨닫지 못한 차이는 있지만 그 근본은 같다는 것입니다. 후에 대승경전이 나오면서 이 뜻은 더욱 강조되어 설해집니다. 깨달으면 나도 부처다 하는 논리는 부처를 인간 안에서 찾고 인간 밖에서 찾지 않는다는 뜻입니다.

『장아함경』은 계빈국 삼장이었던 불타야사가 축념불과 함께 후진 홍시弘始16년(서기 413)에 번역한 한역대장경에 수록 전해지고 있습니다. 그리고 4아함 중 『장아함경』은 〈설일체유부說一切有部〉에 속해 있는 경전으로 중아함, 잡아함, 증일아함과 함께 초기설법의 전형적인 유형이라 할 수 있습니다. 남전 팔리어본의 장부와 같은 것으로 전부 22권이며, 그 내용이 30개의 소품경으로 구성되어 있습니다.

처음에 부처님 공덕을 찬탄하고 과거7불의 출생과 출가, 수도, 성도, 설법 그리고 열반에 드는 등의 여덟 가지 장면을 설해 놓은 「대본경」에서부터 「기세경」에 이르기까지 여러 가지 내용이 설해져 있는데 결국 부처님 해탈도를 설하고 나아가 중생을 교화하는 구제의 길과 신앙을 이야기합니다. 미륵신앙에 대한 이야기가 일부 나오고 염불사상과 탑사塔寺 공양의 공덕을 찬탄해 놓은 내용도 있습니다. 자등명법등명의 내용은 「전륜성왕수행경」에 나옵니다. 자기를 의지하고 법에 의지하여 수행할 뿐 수행자에게는 다른 의지처가 없다는 것입니다.

또 『장아함경』을 읽어보면 부처님의 인간적인 모습이 나타나기도 합니다. 예를 들면 제9 「중집경」에 보면 부처님이 등이 아파 통증을 느끼자 사리불에게 대신 설법을 시키는 장면이 나옵니다. 부처님이 몸이 불편하여 제자에게 대신 설법을 시키는 모습은 지극히 인간적인 모습으로 대승경전에서 볼 수 없는 아함경다운 장면이라 할 수 있습니다.

부처님이 사리불에게 이릅니다.

"나는 등이 아파 좀 쉬고 싶으니 네가 비구들을 위하여 법을 설해주어라."

이에 사리불은 비구들에게 말했습니다.

"법이 올바르지 못하면 해탈의 길로 나아갈 수 없습니다. 여래의 법은 올바르고 참되어 해탈의 길이 될 수 있습니다. 수행자는 안으로 살펴야 합니다. 성냄과 원한이 마음속에 일어나지 않도록 해야 할 것입니다. 우리들은 마땅히 교법과 계율을 모아 청정한 수행을 쌓아 모든 중생에게 이익과 안락을 얻게 해야 하겠습니다."

대비심을 앞세워 중생을 구제하라

· 육도집경 ·

대승불교의 이상적 수행자 상은 보살입니다. 보살이란 범어 '보디사트바bodhi sattva'를 음역한 말로 의역하면 각유정 覺有情, 곧 깨달은 중생이란 뜻입니다. 이승二乘인 성문聲聞, 연각緣覺들이 자리自利적인 수행에 치중해 있는 반면 보살은 대비심을 앞세워 중생구제의 이타행을 우선으로 수행합니다.

보살의 실천덕목을 흔히 육바라밀이라 하여 여섯 가지 바라밀다행을 실천하는 것을 보살의 수행이라 합니다. 이 육바라밀의 실천을 가장 지극하게 실천한 예들을 명시하여 바라밀 완성에 대해 설해 놓은 경이 『육도집경六度集經』입니다.

이 경은 모두 8권으로 되어 있는데 3세기 중엽에 강거국 출신 학승 강승회康僧會가 번역했습니다. 내용을 살펴보면 석가모니 부처님이 과거세에 보살행을 닦을 때의 이야기를 6바라밀의 수에 맞춘 6장에 걸쳐 90편의 이야기를 서술해 놓았습니다. 말하자면 이 『육도집경』도 부처님의 본생담本生譚입니다. 부처님이 과거세에 보살행을 닦던 일을 하나하나 열거해 나가는 식으로 설해지고 있는데 모두 보통의 예사로운 경우가 아닌 지극히 극한적인 상황 속에서 일어난 일들을 그야말로 극적으로 묘사해 놓은 이야기들입니다.

제1장 「보시도무극장」에서는 부처님이 전생에 재물뿐만 아니라 자신의 몸을 희생해 보시한 이야기 25편이 설해져 있고, 2장 「계도무극장」에는 계율을 하나도 어기지 않고 중생을 구제했다는 이야기 15편이 설해져 있습니다. 다음 「인욕무극장」에는 부처님이 산속에 들어가 나무열매를 따 먹으며 도를 닦았다는 등의 이야기 13편이 있고, 「정진도무극장」에 19편, 선정바라밀에 대해 설한 「선도무극장」에도 9편의 이야기가 있으며 마지막 지혜바라밀을 명도라 한 「명도무극장」에도 9편의 이야기가 있습니다. 그리고 마지막 경의 끝부분에 「범마황경」이라는 장이 하나 더 추가돼 91장으로 돼 있습니다.

이 육도의 행을 설한 가운데 단연 보시에 관한 이야기가 가장 많이 나오는데 바로 보시가 육도를 대표하기 때문입니다. 보시 하나를 잘 닦으면 나머지 5도가 따라서 잘 닦아진다는 것을 뜻합니다. 이 경에서는 보시의 의미를 자비의 실천으로 설명하고 다시 자비를 사람 키우는 것으로 설명한 구절이 나옵니다. 「보시도무극장」 앞부분에 명시된 자비에 대한 정의가 '자육인물慈育人物 비민군사悲愍群邪'로 설해져 있습니다. 자비의 글자를 나누어 해석해서 '자는 인물을 키워 주는 것이요, 비는 뭇 그릇된 이들을 연민히 여겨 주는 것'이라 했습니다. 자비는 결국 사람의 인격을 바르게 되도록 해 주는 것이란 뜻입니다.

이러한 『육도집경』의 자비에 대한 설명은 오늘날 우리들에게 시사하는 바가 매우 크다고 할 것입니다. 불교의 정법 구현이라는 것이 실은 사람의 인격에 나타나는 하자를 없애고 성숙된 인간성을 드러내게 하는 것입니다. 또한 훌륭한 인격이란 자비를 실천하는 이타원력 속에서 이루어진다는 것입니다. 개인주의나 독선주의에는 자비가 실천될 수 없습니다. 남을 배려하지 않고 남에게 무관심한 태도는 자비를 상실하는 것입니다. 때문에 사람의 마음속에 항상 자비의 빛이 비치어 나와야 한다는 것입니다. 『화엄경』에는 사람의 마음을 자비의 그릇이라고 표현한 말이 있습니다. 따라서 자비가 없으면 마음이 빈 그릇이 되어 내용물을 담지 못하는 상태가 됩니다. 내가 남에게 자비의 손길을 뻗쳐 줄 때 부처님의 밝은 미소가 우리에게 다가올 것입니다.

남에게 욕을 하면 허물이 자기에게 돌아온다
· 잡아함경 ·

부처님이 사바티의 녹자모 강당에 계실 때의 일입니다. 부처님은 어느 날과 마찬가지로 아침에 탁발하기 위해 성안으로 들어갔습니다. 그런데 탁발이 끝날 무렵 곤란한 일이 하나 생겼습니다. 사바티에 사는 파라트피차라는 심술궂은 욕쟁이가 부처님을 따라다니며 마구 욕설을 퍼붓고 있는 것이었습니다. 부처님은 그가 정상적인 사람이 아니라는 것을 아시고 아무런 대꾸도 하지 않으셨습니다.

그러자 파라트피차는 부처님이 자기의 위세에 눌려 아무런 대꾸도 하지 않는 것인 줄 알고 더욱 기세를 부리며 으스대는 것이었습니다. 하지만 일체의 분노로부터 해탈한 부처님은 그런 일에 얼굴을 붉히거나 화를 내지 않았습니다.

이러한 부처님의 반응에 약이 오른 파트라피차는 더욱 화가 나 흙을 한주먹 쥐고 부처님을 향해 뿌렸습니다. 그때 맞은편에서 바람이 불어와 흙먼지가 오히려 파트라피차에게로 날아갔습니다. 파트라피차는 자기가 뿌린 흙먼지를 고스란히 뒤집어쓰고 말았습니다. 멀리서 이 모습을 보고 있던 사람들이 '하하하' 하고 크게 웃었습니다.

부처님은 딱하다는 듯이 그를 바라보다가 다음과 같이 타일렀습니다.

아무에게나 함부로 욕을 하거나 모욕을 주어서는 안 된다. 설사 너를 화나게 한 사람이나 원한이 있는 사람에게도 그래서는 안 된다. 몸과 마음이 청정해서 때가 없는 사람에게 나쁜 말을 하면 허물은 도리어 자기에게 돌아온다. 마치 바람을 거슬러 흙을 뿌리면 그 흙먼지가 되돌아와 자신을 더럽히는 것과 같으니라.

이상은 『잡아함경雜阿含經』에 나오는 이야기의 하나입니다.

사람을 감정의 동물이라고 하지만 감정에 의해 행동을 하다 보면 절제되지 못한 그릇된 행동이 예사로 나오는 수가 많습니다. 수행이라는 것은 바로 이러한 그릇된 행동이 나오지 않게 하는 것입니다. 말 한마디가 잘못되면 서로 원한을 가지는 결과가 오게 되고 내가 남을 미워하는 눈치가 보이면 남도 나를 미워하게 되는 것입니다.

우리 속담에 '말 한마디가 천 냥 빚을 갚는다' 했습니다. 사람 사이의 친목은 부드러운 말과 친절한 행동으로 두터워지는 것입니다.

부처님은 또 이런 비유를 들기도 했습니다. 누가 남에게 욕설과 비방을 퍼부었을 때 그 욕설과 비방이 자기에게 돌아온다는 것을, 손님을 맞이한 집에서 그 손님을 대접하기 위하여 음식을 마련해 상을 차려 주었는데 그 손님이 이미 밥을 먹었다 하여 먹지 않으면 그 음식은 결국 차려준 사람의 식구가 먹어야 하는 것과 같다 했습니다.

『잡아함경』은 4아함 가운데서도 가장 이른 시기에 성립된 경으로 추정합니다. 내용이 대개 짧은 이야기들을 수록하고 있고 모두 암송하기 좋은 게송 형태로 되어 있습니다. 반면에 양은 4아함 중 가장 많아 전체 구성이 50권 1,362개의 소경으로 되어 있습니다.

한역한 사람은 구나발타라(求那跋陀羅, 393~468)이며 번역된 해는 435년으로 4아함 중 제일 늦게 번역되었습니다. 이해에 구나발타라가 송宋 문제文帝의 청을 받아 건강健康으로와 와관사瓦官寺에 머물면서 많은 경전을 번역했는데 『잡아함경』도 그때 번역되었다 합니다. 원본인 범본은 법현法顯이 인도에 갔을 때 가져왔던 것이라 합니다.

또 『잡아함경』에는 불교의 핵심 교의인 연기법에 대한 정의를 내려놓은 유명한 구절이 있습니다.

이것이 있으니 저것이 있고 저것이 있으니 이것이 있다.

此有故彼有　彼有故此有

이 말은 연기의 정의를 내린 말로 알려져 있습니다.

왕들에게 불법 보호를 부탁하다

· 인왕반야경 ·

우리나라 신라나 고려 시대에는 나라를 위한 호국법회가 유행했습니다. 국가에 재난이 일어나지 않고 국리민복을 도모하고자 경전 강설법회를 연 것입니다.

이때 채택된 경전이 바로 『인왕반야경仁王般若經』이었습니다. 이 경은 불법을 수호하는 신장神將인 인왕仁王, 곧 금강역사金剛力士를 경의 제목에 넣어 나라를 수호한다는 뜻을 명시해 놓은 경으로 예로부터 호국의 경으로 알려져 왔습니다. 모두 두 권으로 되어 있는데 5세기 초에 구마라습이 번역한 본과 8세기 중엽에 불공삼장이 번역한 본의 두 본이 있습니다. 모두 8품으로 되어 있는데 불공이 번역한 본은 밀교적 색채가 강하게 배여 있습니다.

이 경에는 파사닉왕을 중심으로 한 고대 인도의 16나라 왕들이 등장합니다. 이 왕들에게 부처님이 나라를 지키는 방도를 설해주는데, 반야바라밀을 닦고 이 반야바라밀에 의지해 나라를 다스릴 것을 권장합니다. 국가를 튼튼히 수호하여 영구히 번영되게 하기 위해서는 무엇보다도 반야의 지혜에 따라야 한다는 불교의 근본 대의를 천명하면서 국가 수호와 나라 번영이 모두 내치와 외치에 있어 인과의 이치를 바로 알고 믿어 반야를 닦아야 한다는 점을 강조했습니다. 특히 「호국품」에서는 나라를 보호하자면 『인왕경』을 읽고 외우면서 특별한 의식을 거행할 것을 설해 놓았습니다.

부처님은 파사닉왕에게 나라가 어지럽고 외적이 침입할 때 『인왕경』을 독송하라고 권했습니다. 백 개의 불상을 모셔놓고 백 명의 비구를 청하여 『인왕경』을 설하게 하며, 또 백 개의 등불을 밝히고 향을 피우며 꽃을 뿌려 공양하면서 하루에 두 번씩 경을 읽어야 한다고 했습니다. 그렇게 하면 화난이 소멸되고 신들이 나라를 보호하여 준다고 했습니다. 이리하여 이 '호국품'에 설해진 내용에 따라 백고좌 법회가 실시됐습니다.

「보살행품」에서 부처님은 왕들에게 보살의 수도 단계를 5단계로 설하는 5인위五忍位를 설명하면서 번뇌를 누르고 일어나지 않게 하는 복인위伏忍位와 교리를 믿고 의심하지 않는 신인위信忍位, 생멸이 없는 이치를 알려고 지혜를 닦는 순인위順忍位, 무생의 이치를 깨닫는 무생인위無生忍位, 번뇌를 다 없애고 깨달음의 경지에 들어가는 적멸인위寂滅忍位의 5위 설법을 하면서 보살들의 수행이 나라의 힘을 키우는 결과가 된다고 했습니다.

이 『인왕경』과 『법화경』 그리고 『금광명경』을 '호국삼부경'이라 말해왔습니다. 호국불교 전통의 근원이 이들 경에서 유래된 것입니다.

부처님은 또 왕들에게 부처님이 열반에 들고난 뒤 불법이 쇠퇴할 때 중생들이 악업을 짓기 때문에 나라에 온갖 재난이 일어날 것이니 이때 왕들이 자신과 나라를 보호하기 위하여 『인왕경』을 수지할 것을 권합니다. 그리고 마지막 「촉루품」에서는 왕들에게 불법을 수호하여 정법에 의거 나라를 잘 다스려 줄 것을 당부합니다.

신라시대에 시작된 호국법회가 고려시대에 와서 더욱 번창하게 됐습니다. 고려 태조 왕건의 '훈요십조訓要十條'에 의해 불교가 장려된 바도 있지만 역대 왕들이 스스로 빈번하게 호국법회를 열었습니다.

우리나라에서 쓴 『인왕경』에 대한 주소註疏도 두 개가 전해지고 있습니다. 신라 때 원측스님의 '인왕경소'가 있으며 또 태현스님의 '인왕경고적기'가 있습니다. 특히 원측의 소는 중국의 길장이 쓴 소와 함께 『인왕경』의 2대소로 평가 받는 유명한 저술입니다.

중생 있는 곳이 보살의 정토다

· 유마경 ·

유마힐 거사가 설한 것으로 되어 있는 이 경은 대승 경전 중 그 성립이 반야부 다음에 이루어진 것으로 성립의 역사가 오래된 경입니다. 범어의 원래 이름이 '비말라 키르티 니르데사 수트라Vimala kirti nirdesha sutra'인데 한역으로 『유마힐소설경』으로 불리고, 줄여서 『유마경維摩經』이라 합니다.

모두 14품으로 구성된 이 경은 반야부 경전과 그 내용의 상통점이 많습니다. 특히 보살행을 강조하고 불국토 건설을 지향하는 불국정토사상을 찬양하는 특별한 법문을 설하고 있습니다.

보살정토행을 강조하면서 중생을 교화하려는 대원이 있는 곳은 모두 불토가 된다고 했습니다. '중생이 있는 곳이 보살의 정토다'라고 한 말은 매우 유명한 말입니다. 이 경의 한역본은 원래 일곱 가지가 있었다 하나 현재 세 가지가 전해집니다. 역자 지겸支謙의 『유마힐경』(2권)과 구마라습 번역의 『유마힐소설경』(3권), 그리고 현장이 번역한 6권으로 된 『설무구칭경說無垢稱經』이 있습니다. 이중 가장 널리 유통된 것이 구마라습 역본입니다.

처음 「불국품」에서 부처님이 보적의 물음에 답하면서 불국토가 바로 보살의 정토라고 말하고 모든 중생이 있는 데가 보살의 불토라 했습니다. 땅에 궁궐을 지을 수 있지 허공에 궁궐을 지을 수 없는 것처럼 보살은 중생을 성취되게 하려는 까닭에 중생 쪽에 불국을 세운다는 것입니다.

"보적아! 네 마땅히 알아라. 직심直心이 곧 보살의 정토니 보살이 성불할 때 떳떳한 중생이 따라와 그 나라에 태어나느니라. 또 심심深心이 보살의 정토니 보살이 성불할 때 공덕을 갖춘 중생이 그 나라에 따라와 태어나느니라. 보리심이 곧 보살의 정토니 보살이 성불할 때 대승 중생이 그 나라에 따라와 태어나느니라."

이어 부처님은 육바라밀, 사섭법, 37조도품, 십선十善 등이 모두 보살의 정토라 했습니다. 보살이 정토를 얻고자 하거든 그 마음을 깨끗이 해야 하며 마음이 깨끗하면 불토가 이루어진다 했습니다.

두 번째 「방편품」부터 유마거사가 설주가 되어 주인공으로 등장합니다. 그는 이미 불법을 성취하고 무생법인을 얻어 내실이 무구청정하나 다만 방편으로 세속적 환경에 처할 따름이라 했습니다.

"무량한 방편으로 중생을 요익케 한다. 보살이 병을 앓는 것도 방편의 하나다."

유마가 병을 핑계로 앓고 있으면서 부처님의 문병을 원하였더니 부처님이 십대제자와 여러 보살에게 문병 가기를 권하나 모두 유마의 법력을 감당하기 어렵다고 사양하여 마침내 문수보살이 부처님의 말씀을 받들어 문병을 가게 되었습니다.

문수가 유마를 찾아왔을 때 그는 텅 빈 방에 몸을 눕혀 앓고 있었습니다. 문수의 병문안을 받은 유마는 자신이 병에 걸려도 병에 걸린 것이 없다 했습니다.

"거사의 몸이 병든 것입니까? 마음이 병든 것입니까?"

유마는 몸이 병든 것도 마음이 병든 것도 아니라 했습니다. 몸과 마음의 실체가 없으므로 병의 실체도 없다는 뜻입니다. 「문수보살문질품」에 나오는 두 사람의 대화는 유마경의 클라이맥스입니다. 부사의한 법문이라 말하기도 합니다. 『유마경』을 일명 『부사의경』이라 하는데 『화엄경』의 '부사의 해탈경계'와 같은 뜻입니다.

마음을 바로 쓰게 하는 지혜 일깨워 주는 경

· 증일아함경 ·

『증일아함경(增一阿含經, Ekottaragama)』은 4아함 중 비교적 후대에 편찬된 것으로 알려졌습니다. 한역에 담마난제(曇摩難提, Dhamanad)와 승가제바(僧伽提婆, Samghadeva)가 번역한 두 역본이 있었으나 담마난제의 역본은 없어지고, 승가제바의 역본이 지금까지 유통되고 있습니다.

이 경은 석가모니 부처님이 가르친 교법을 법문의 수에 따라 정리, 편찬하여 하나씩 갈래를 더하여 이루어졌다는 뜻에서 하나를 더 보탰다는 뜻인 '증일增―'이라는 말을 붙인 것입니다. 남전의 5니까야 가운데 증지부에 해당합니다.

4아함이 모두 소승경전으로 간주되고 있지만 『증일아함경』에는 대승적 요소들이 곳곳에서 발견됩니다. 대승경전에서 거의 공통으로 설하고 있는 경전의 서사공덕을 말한 부분이 있고, 또 세존의 설법은 가지가지이나 보살의 마음을 내어 대승으로 나아간다는 말이 나오는 구절이 있습니다.

특히 51권 52품으로 되어 있는 전체의 경문 가운데 18권에 들어 있는 제26 「사의단품四意斷品」에는 '여래에게 네 가

지 불가사의가 있다. 그것은 소승이 알 바 아니다'라는 말이
나옵니다. 그리하여 『장아함경』이 법장부 소속의 경전이고
『중아함경』과 『잡아함경』이 설일체유부에 속한 경전인 반
면 이 『증일아함경』은 부파불교 가운데 상좌부가 아닌 대중
부의 어느 파에 소속되었던 경전으로 봅니다.

다른 아함과 마찬가지로 이 경의 여러 가지 설법 내용도
모두 사람의 마음을 바로 쓰게 하는 지혜를 일깨우는 내용들
입니다. 불교의 기본적인 교설은 모두 인간의 심성을 바르게
하는 가르침입니다. 이것은 인간생활에서 보편적이면서도
지극히 타당한 도덕적 윤리의식을 평범한 상식으로서 실천
하도록 하는 것입니다. 사의단 법문에서 가장 쉽게 가르치는
일상의 윤리정신은 인간 이상의 것도 인간 이하의 것도 아닙
니다. 사의단이란 팔정도와 함께 37조도품 속에 들어 있는
것으로 악을 그치고 선을 닦게 하는 선근善根을 심는 법문입
니다. 사정근四正勤, 사정승四正勝이라고도 하는데 내용은
다음과 같습니다.

　　아직 생기지 않은 악惡은 방편을 찾아 생기지 않게 하고(未生
　　惡令不生), 이미 생긴 악은 방편을 찾아 빨리 없애고(已生惡令滅),
　　아직 생기지 않은 착한 일은 방편을 찾아 생기게 하고(未生善令

生), 이미 생긴 착한 일은 방편을 찾아 더욱 많아지도록 하여(己生善令增長), 이것을 마음에 잊지 말고 항상 닦아 나가라.

또 성을 잘 내는 사람과 그렇지 않은 사람의 성격을 부처님은 세 가지 비유를 들어 설명하면서 '사람은 성격이 좋아야 한다'고 설한 대목도 있습니다.

이 세상에는 세 가지 부류의 사람이 있습니다. 바위에 새긴 글씨와 같은 사람과 모래에 쓴 글씨, 그리고 물에 쓴 글씨와 같은 사람입니다. 바위에 새긴 글씨와 같은 사람이란 화를 내고 그 화가 오래되어도 풀리지 않는 사람이니, 마치 바위에 새겨진 글씨가 오래도록 비바람에 지워지지 않고 남아 있는 것과 같습니다. 모래에 쓴 글씨와 같은 사람이란 화를 내기는 하지만 그 화가 모래에 쓴 글씨처럼 오래가지 않는 사람입니다. 물에 쓴 글씨와 같은 사람이란 물에 쓴 글씨가 흘러 자취가 없어지는 것처럼 남의 욕설이나 언짢은 말을 들어도 조금도 마음에 그 자취를 남기지 않는 사람입니다.

이와 같은 성내는 마음을 없애라는 가르침은 좋은 성격을 가져 즐겁고 명랑하게 남과 사이좋고 화목하게 살라는 법문입니다.

모든 법은 내 마음을 벗어나지 않는다
· 해심밀경 ·

불법의 깊고 비밀스러운 이치를 풀이한다는 뜻으로 붙여진 이름인 『해심밀경解深密經』은 이 세상 모든 현상은 사람의 마음에 의해 변하여 나타난 것이라는 만법유식萬法唯識의 대의를 천명해 놓은 경입니다. 7세기 중엽에 현장삼장이 번역한 본이 널리 유통되어 있지만 보리유지가 번역한 『심밀해탈경』이란 제목으로 된 본과 진제삼장이 번역한 『불설해절경』도 있습니다.

우선 이 경은 설한 곳이 인간세상이 아니라 7보로 장엄한 불세계의 궁전으로 되어 있습니다. 수많은 보살과 천룡팔부중이 모여 있는 장엄궁전, 여기가 바로 부처님 법의 수도로 대승불도를 닦는 본거지인 셈입니다.

8품으로 되어 있는 이 경은 유식의 소의경전으로 부처님 세계는 깨끗한 식(淨識)의 세계로 일체 현상을 초월한 세계라 사람들의 생각으로 판단하여 이해할 수 없다 했습니다.

두 번째 품인 「승의제상품」에서 부처님이 깨달은 진리인 승의제勝義諦를 세 가지로 설명하면서 승의제는 말로서 표현할 수 없는 유일무이한 것이요, 생각으로 알 수 없으며, 온 갖 분별을 초월한 것이라 했습니다. 일생 맵고 쓴 것만 먹어온 사람이 꿀과 엿의 단맛을 모르는 것처럼 부처가 깨달은 세계를 범부들은 알지 못한다 했습니다.

「심의식품」에서는 아뢰야식에 대한 설명이 나옵니다. 이 아뢰야식이 현상의 모든 것을 낳는다고 설합니다. 말하자면 이 경은 아뢰야연기설을 설하고 있습니다. 그리고 사람들이 윤회를 거듭하면서 전생에 한 행위의 결과가 아뢰야식 속에 종자가 되어 저장된다고 설명합니다. 이 종자에 의해 자신과 객관세계의 모든 것이 생성된다고 하면서 종자를 간직하는 아뢰야식이 실존의 근본이 되며 다른 것은 모두 거짓된 현상에 불과하다는 것입니다. 그리고 이 아뢰야식은 폭포의 물처럼 거세게 흘러 사람들을 현상의 세계에 대해 온갖 애착과 갖은 번뇌를 유발해 생사의 윤회에 떨어지게 한다고 했습니다.

일체 모든 법이 내 마음을 벗어나지 않는다는 것이 유식의 대의입니다. 바꾸어 말하면 마음을 벗어난 외부세계에 사물이 존재하는 것이 아니란 말입니다. 모든 존재하는 것은 결국 마음으로 귀착됩니다.

불교는 법을 설하는 종교입니다. 이 법이 식에 의해 법상 法相 곧 존재하는 모습으로 인식될 때 법이라는 것입니다.

법이라는 말은 때로는 부처님의 교법을 뜻하는 말로 쓰입니다. 삼보 가운데 법보의 법으로 이는 또한 진리 그 자체를 뜻하는 말입니다. 『아함경』에서 '연기를 보는 자는 법을 보고 법을 보는 자는 연기를 본다'고 한 말에서 법은 곧 참다운 이치와 진리를 말하는 것입니다.

따라서 불교의 법은 존재하는 것을 뜻하는 말이면서도 진리 그 자체를 뜻하고 또 진리를 설하는 부처님의 가르침 교설을 또한 법이라 하는 것입니다. 『해심밀경』에서는 이 법의 원리를 풀어 설명하면서 올바른 수행을 권장하고 있습니다.

「분별유가품」에서는 유가행瑜伽行의 실천을 설해 사마타와 비발사나의 지관止觀을 닦는 것을 미륵보살에게 일러주는 대목이 있습니다. 또 「지바라밀다품」에서는 보살이 닦아야 하는 열 가지 수행 단계를 설하면서 이 수행 과정을 이룩해야 불도가 성취된다 했습니다. 그리고 십바라밀에 대해 설하면서 보살이 바라밀을 실천하여 큰 원력으로 중생을 모두 지혜의 길로 인도해야 한다고 했습니다.

너는 진실한 지혜를 성취했다
· 중아함경 ·

"만약 어떤 비구가 일곱 가지 법法을 성취한다면, 곧 현성
賢聖의 도에 환희를 얻어 바로 번뇌가 다한 경지에 나아가게
될 것이다. 어떤 것이 일곱 가지인가 하면 법을 알고(知法),
뜻을 알며(知義), 때를 알고(知時), 절제할 줄 알며(知節), 자기
를 알고(知己), 무리를 알며(知衆), 남의 잘나고 못남을 아는
것이다(知人勝)."

이상은 『중아함경中阿含經』의 제일 첫 번째 소경인 「선법
경善法經」의 주 내용입니다. 전체가 60권 80품 222개의 소
경으로 되어 있는 『중아함경』은 계빈국 출신 승가제바가
398년에 번역했습니다. 이보다 앞서 담마난제가 『증일아함
경』과 함께 『중아함경』을 번역한 것이 있었으나 전란에 소
실되어 전해지지 않고 승가제바의 역본만이 전해지고 있는
데 이 역본이 담마난제 역본의 오류를 수정 개역한 것이라
합니다.

설일체유부의 경전이었다고 알려진 『중아함경』은 다른
아함에도 공통으로 설해져 있는 불교의 근본 교리에 관한 내

용이 많이 설해져 있습니다. 제31「분별성제경」에는 사성제四聖諦에 관한 자세한 설명이 나오고 제17「가미니경」에는 팔정도를 상세히 설명하고 있습니다. 삼세의 모든 여래에게 정행설법正行說法이 있는데 이것이 바로 사성제라 했습니다. 정행설법이란 부처님의 가르침을 따를 때 모든 사람이 다 닦아야 하는 가장 올바른 행에 대한 설법이라는 뜻입니다.

제221경 「전유경箭喩經」에는 독화살의 비유로 수행자가 쓸데없는 형이상학적인 관념에 빠져 수행에 장애를 받아서는 안 된다는 중요한 가르침이 설해져 있습니다.

세상이 영원한가, 영원하지 않은가. 목숨이 곧 몸인가, 몸과 목숨이 다른 것인가. 이런 문제에 대해 세존은 말씀해 주시지 않는다고 불만해 하는 만동자에게 부처님은 독화살을 맞은 사람이 화살부터 뽑지 않고 화살을 쏜 사람이 누구인가. 어떤 성 어떤 이름이며, 키는 큰가, 작은가 등을 따지는 것과 같다고 설하면서 수행자가 부질없는 공리공론에 사로잡히지 말 것을 경계했습니다.

또 『중아함경』에는 부처님을 대신해 부처님의 제자들이 설법하는 장면도 여러 군데 나옵니다. 사리불이 부처님을 대신해 법을 설하고 또 제131「항마경降魔經」에는 목련존자가 설법을 하고 있습니다. 특히 제121「청청경請請經」에 부처님이 사리불을 크게 칭찬하는 말이 나옵니다.

"너는 진실한 지혜를 성취했다. 마치 전륜성왕의 태자가 부왕의 가르침을 하나도 빠뜨리지 않고 전하는 것과 같이 내가 굴리는 법의 수레바퀴를 네가 다시 굴렸다."

제116 「구담미경瞿曇彌經」에는 비구니의 8존사법八尊師法이 설해져 있습니다. 부처님의 태자시절 이모였고, 나중에 양모가 되어 태자를 길러 준 대애도 고타미가 석가족 여인들을 데리고 와 출가를 허락해 달라고 청하자 처음에는 허락을 하지 않다가 나중에 8사존법의 조건을 걸고 출가를 허락합니다. 첫 번째 조항이 "구족계를 받은 비구니가 100세가 되었더라도 갓 계를 받은 비구에게 먼저 예배하고… 문안해야 한다"입니다.

여기에 대애도가 이의를 제기해도 부처님은 받아들이지 않습니다. 이는 후에 남녀인권차별의 문제로 제기되어 현재에도 논란의 여지로 남아 있습니다. 그러나 부처님 당시 어느 종교수행자 집단에도 여성 출가 수행자를 받아들이지 않았습니다. 불교에서 최초로 여성 수행자를 받아들이는 문호를 개방했다고 볼 수 있는 대목입니다.

마음은 정신작용의 저장 창고
· 능가경 ·

부처님이 능가성 마라산정에서 수많은 비구와 함께 계셨을 때 대혜보살이 부처님께 108가지의 질문을 했습니다. 이에 대해 부처님이 대혜보살이 물은 말의 뜻을 설명하면서 깨달은 이치에서 보면 이 세상 모든 것은 실제로 존재하지 않는 허망한 모습에 불과하며 깨달음 자체는 말로 표현되지 못한다고 일러줍니다. 말이란 진리 자체를 나타내는 것이 아니기 때문에 마치 거북이 털이나 토끼 뿔이란 말과 같아 말은 만들어져 있어도 실제 사물은 존재하지 않는 것과 같다 했습니다.

『능가경楞伽經』은 번역본이 세 가지가 있습니다. 구나발다라가 번역한 『능가아발다라보경楞伽阿跋多羅寶經』은 4권으로 되어 있고, 또 보리유지가 번역한 10권 분량의 『입능가경入楞伽經』이 있고, 제일 나중에 실차난타가 번역한 7권으로 된 『대승입능가경大乘入楞伽經』이 있습니다. 이중 7권본인 『대승입능가경』이 번역이 가장 잘되었다고 평가받고 있습니다.

『능가경』의 범어 이름은 랑가바타라 수트라Lankavatara-sutra로 능가성에 들어가 설한 경전이라는 뜻입니다. 능가라는 말은 도달하기 어렵고(不可到), 들어가기 어렵다(難入)는 뜻입니다. 이는 여래의 심오한 경지는 도달하기 어려움을 상징적으로 말해 놓은 것입니다.

이 『능가경』에 대해서 중요한 인식을 하게 된 것은 달마스님이 처음 중국에 건너왔을 때 이 경을 '여래심지如來心地의 요문要門'이라 하여 이를 의지해 수행의 지침으로 삼도록 했기 때문입니다. 달마가 혜가에게 심인을 전해 줄 적에 이 4권 『능가경』을 전했다 하고 중국에 오직 이 한 권의 경이 있을 뿐이라고 말했다 합니다. 또한 달마가 중국에 와 세운 초기 선종을 '능가종'이라고 불렀다는 사실도 이 『능가경』이 선종에 큰 영향을 미쳤음을 반증하는 예라 할 수 있습니다. 물론 5조 홍인 대사에 이르러 다소 난해하고 복잡한 『능가경』 대신에 간명한 내용으로 되어 있는 『금강경』을 수지 독송하도록 권하여 다시 『금강경』이 선수행의 큰 역할을 하게 되었습니다.

우리나라 원효스님도 『대승기신론소』에서 『능가경』 3역본 모두를 골고루 인용하면서 대승의 요의를 설명했습니다. 여러 경론을 두루 인용하면서도 유독 『능가경』 인용을 가장 많이 한 것입니다.

『능가경』의 중요한 교의의 하나는 장식藏識의 설명입니다. 4권 경의 첫 품인「일체불어심품」에는 모든 부처님의 말씀이 결국 마음에 대하여 말하는 것이라면서 일체 현상을 낳는 신비로운 마음을 장식이라 말하고 있습니다. 모든 사물과 현상의 근원이 되는 마음은 일체 정신작용을 저장하고 있는 창고와 같은 것으로 이것이 바로 장식이라 했습니다. 실제로 이 세상에는 오직 장식밖에 없으며 나머지 모든 것은 장식이 나타내 놓은 현상에 불과한 것이라 했습니다.

장식이 모든 것을 낳는 것은 마치 큰 바다가 끊임없이 파도를 일으키는 것과 같다고 하고, 사람들이 장식을 모르는 것은 파도만 보고 바다 전체를 알지 못하는 것과 다름이 없다 했습니다. 객관을 인식하는 식심識心에 미혹하면 끝내 자기 마음인 장식을 알지 못하여 번뇌의 세계를 벗어나지 못하게 되는 것이라 했습니다. 그리하여 이 장식의 신비로운 이치를 깨닫기 위하여 선을 닦아야 한다 하며, 선을 우부소행선愚夫所行禪, 관찰의선觀察義禪, 반연진여선攀緣眞如禪, 여래청정선如來淸淨禪의 넷으로 구분 설명하고 선을 닦아 결국 여래의 심지를 얻는다 했습니다.

주술적 요소 지닌 기도의식용 밀교 경전

· 천수경 ·

우리나라의 각 사찰에서 불공을 드리며 기도를 시작할 때 필수적으로 독송하는 경전이 하나 있습니다. 부처님께 마지摩旨를 올릴 때도 반드시 독송하는 이 경은 의례용 경전이라 할 수 있는 『천수경千手經』입니다. 이 경은 불교 신앙의 주술적 요소를 지닌 밀교경전에 속합니다. '다라니'를 수지 독송케 하여 깨달음을 얻도록 하는 밀교 특유의 수행법을 제시해 놓은 경이지만 세속적인 원을 이루게 하는데도 이 경을 상용해 왔습니다.

이 경의 본래 이름은 『천수천안관자재보살광대원만무애대비심대다라니경』입니다. 한 권으로 되어 있는 이 경은 당나라 때 가범달마伽梵達磨가 번역했으며, 이 밖에도 비슷한 이름으로 역자가 다른 세 가지가 더 있습니다. 불공不空이 번역한 것과 보리유지菩提流志, 그리고 지통智通이 번역한 것이 있는데 모두 대정《신수대장경》20권에 수록되어 있습니다. 제목에서 드러나듯이 손이 천 개, 눈이 천 개인 관세음보살의 광대한 대비심에 의해 중생의 소망이 성취되어 구경의 깨달음을 얻는 이야기입니다.

밀교에 속한 경전들은 대개가 다라니를 설해 놓고 있습니다. 다라니dharani란 불보살에 대한 염원 등을 함축하고 있는 경전의 어구, 구절을 가리키는 말로 그 어원을 밝혀 보면 모든 것을 간직하여 잃어버리지 않게 한다는 뜻이 있습니다. 비유하여 말하면 깨지지 않는 그릇에 물이 가득 차 있으면서 새지 않는다는 뜻입니다. 한역된 말로 총지總持 혹은 능지能持라 하며 또 능차能遮라고도 합니다. 능차는 마음속에 악한 마음이 생기지 않도록 막아 준다는 뜻입니다. 이 다라니는 주술적 기능이 있습니다. 원래 다라니는 경전의 독송을 편리하게 하려고 경전에 설해진 내용을 짧은 구절로 축약하면서 생겼습니다. 그러다 보니 이론이나 논리로 설명하는 사변적인 말이 아닌 주술적 능력이 내포되게 된 것입니다.

『천수경』에는 대다라니인 '신묘장구대다라니'가 중심이 되며, 그 외에 소다라니가 8개 설해져 있습니다. '정구업진언'에서 '오방내외안위제신진언' '개법장진언' '참회진언' '정법계진언' '호신진언' '관세음보살본심미묘육자대명왕진언' 그리고 '준제진언'입니다. 이들 진언은 각기의 성능으로 주술적 위력을 발휘하는 것들입니다. 『천수경』 전체의 내용이 관음 신앙과 관계된 것이므로 소진언 가운데서는 '관세음보살본

심미묘육자대명왕진언'이 중요합니다. 줄여서 '육자대명왕
진언'이라 하는데 밀교수행자들이 지송하는 대표적인 진언
으로 여섯 글자가 육도 윤회를 벗어나 생사해탈을 성취하게
한다는 뜻이 있습니다.

『천수경』에는 불교 신행의 기본이 되는 네 가지 뜻이 담겨
있습니다. 진언과 찬게讚偈로 이루어진 경의 내용을 살펴 보
면 귀의와 찬탄과 참회, 발원으로 이루어져 있는 전체 대의
를 파악할 수 있습니다.

몸과 마음을 바쳐 일체 부처님께 귀의하는 지극한 마음으
로 보리심을 발하여 부처님을 찬탄하며 자리이타의 공덕을
찬탄합니다. 그리고 자신이 과거세로부터 지어온 10악을 비
롯한 모든 업을 참회합니다. 이 참회는 대승의 참회로 업의
성품이 공함을 통달해야 진정한 참회를 하는 것으로 되어 있
습니다.

다음은 발원으로 보살의 이타정신이 악도중생의 고통을
소멸케 하는 육향六向과 십원十願 등이 설해져 있습니다. 아
울러 이 발원은 대승의 회향정신으로 필경에는 중생을 제도
하는 중생회향으로 귀착됩니다. 『천수경』의 이 네 가지 뜻은
불교 신앙 정서의 기본 요소입니다.

고뇌 벗어나려면 만족하라
· 유교경 ·

비구들이여, 만약 모든 고뇌에서 벗어나고자 한다면 마땅히 '만족할 줄 아는 것'에 대해 생각해 보라. 만족할 줄 아는 법, 이것이 넉넉하고 즐겁고 편안한 곳이다. 만족할 줄 아는 사람은 비록 맨땅에 누워 있어도 편안하고 즐거울 것이고 만족할 줄 모르는 사람은 비록 천당에 있을지라도 성에 차지 않을 것이다. 만족할 줄 모르는 사람은 비록 부자라도 가난한 것이요, 만족할 줄 아는 사람은 비록 가난해도 부자이니라.

『유교경遺敎經』에 설해져 있는 지족공덕知足功德에 대한 부처님의 이 말씀은 오늘날 현대인들이 꼭 경청해야 할 금언이 아닐 수 없습니다. 삶의 본질적 의미를 일깨워 주는 뜻깊은 메시지라 할 수 있는 말씀입니다.

『유교경』은 부처님이 열반에 들기 전에 마지막 설법을 하시면서 제자들에게 심심한 당부를 하고 열반에 임하는 장면이 묘사되어 있습니다. 말하자면 부처님의 유언이 수록된 경입니다. 이 경이 중국에서 한역된 것은 5세기 초에 구마라습에 의해서입니다. 한 권으로 되어 있으며 산스크리트 원전과 티베트 본이 전해지지 않고 한역본만 유일하게 남아 있는 경입니다. 원래 이름은 『불수반열반략설교계경佛垂般涅槃略說敎誡經』입니다. 부처님이 열반에 임하여 간략히 경계해야 할 가르침을 설해 놓았다는 뜻입니다.

부처님이 최초의 설법을 하시어 교진여 등을 제도하시고 최후의 설법으로 수발타라를 제도하시어 제도할 사람을 모두 제도하신 뒤 사라쌍수 사이에서 열반에 드시려 하니 한밤중이라 사방이 너무나 고요하여 아무 소리도 없었습니다. 이때 부처님은 제자들을 위하여 간단한 법의 요점을 설하셨습니다. 내용을 간추려 보면 무엇보다 계율을 잘 지켜 부처님이 열반에 드시고 난 후 계를 스승으로 삼을 것을 강조하시고 수행자는 욕망을 잘 다스려 관능에 떨어지는 일이 없어야 한다 했습니다. 오근五根을 주재하는 마음을 잘 다스려 마치 소를 먹이는 사람이 회초리로 소가 남의 곡식을 뜯어 먹지 못하도록 하듯이 오관을 제어해야 한다 했습니다.

감각기관이 마음대로 하게 내버려 두면 걷잡을 수 없는 불길에 휩싸이는 것처럼 되어 자신은 물론 승가 전체를 망치게 된다 했습니다. 음식을 먹는 것도 단순히 몸을 유지하여 도업을 이루기 위한 것으로 생각해야 하며 수행자가 식도락을 즐겨서는 안 된다 했습니다. 맛좋은 음식을 챙겨 먹는 것은 음식을 먹는 것이 아니라 욕심을 먹는 것이라 했습니다. 또 음식과 수면과의 관계를 설명하면서 배가 부르면 잠이 와 수행에 방해되므로 적게 먹는 습성이 적게 자는 습성을 가져와 도를 성취하기가 훨씬 쉽다고 했습니다. 특히 초저녁과 새벽 시간을 잘 이용하여 공부해야 하며 시간을 허송해서는 안 된다 했습니다. 정진을 게을리할 때는 스스로 부끄러운 줄 알아야 하며 수행자는 항상 부끄러움의 옷을 입고 살아야 한다는 말씀을 하시면서 부끄러워할 줄 모르는 사람은 짐승과 같다 했습니다.

또 수행자는 부처님의 정법을 의지해 수행해야 하며 장사를 하는 등 재산을 모으는 일을 하지 말며, 남의 신수를 봐 주거나 점을 치는 등 잡술에 빠지지 말아야 한다는 것도 강조했습니다. 성을 내지 말고 인욕으로 수행에 임해야 하며 교만을 없애고 아첨하는 마음이 도와 어긋난다는 점을 지적하면서 마음을 단정히 하여 질박과 정직을 근본으로 삼으라 했습니다.

부처님은 마지막으로 일심으로 부지런히 번뇌를 벗어나는 길을 찾으라고 부탁하며 이제 열반에 들겠노라 하시면서 말씀을 마칩니다.

좋은 인연을 만들면 좋은 과보를 받는다

· 현우경 ·

불교에서는 사람의 생이 윤회를 거듭하면서 계속 이어져 나간다고 합니다. 하루하루가 계속 이어지듯이 전생과 금생, 내생이 어제, 오늘, 내일처럼 이어져 간다는 것입니다. 이를 다생설多生說이라 합니다.

불교의 경전에는 지나간 과거 생의 이야기가 나오는 경전이 참으로 많습니다. 부처님의 본생담本生譚을 비롯하여 수많은 경전에서 과거 생에 있었던 이야기를 설해 놓고 있습니다.

『현우경賢愚經』에 설해져 있는 내용도 대부분 전생 이야기들입니다. 부처님과 제자들 그리고 바라문, 부자 또 미천한 사람들의 전생에 있었던 이야기를 통해 후생에 나타난 결과를 밝혀 주는 인과응보의 이야기가 주를 이룹니다. 어진 이의 이야기와 어리석은 이의 이야기를 담고 있는 경이라 하여 『현우경』이라 제명된 이 경은 5세기 중엽 중국 위魏나라의 학승 혜각慧覺이 번역했습니다. 모두 13권 62품으로 되어 있는데 『현우인연경』이라 부르기도 합니다.

이 경에는 많은 비유와 인연의 이야기가 설해져 있는데

모두 전생과 후생을 인과관계로 설명하는 이야기들입니다.

부처님이 기원정사에 계실 때 어느 날 아난을 데리고 걸식을 나갔습니다. 그때 남의 물건을 훔친 죄로 형장으로 끌려가던 두 형제가 있었는데 그의 어머니가 멀리서 부처님이 오시는 것을 보고 울면서 하소연하며 그의 두 아들을 살려달라고 애원했습니다. 하도 딱해 부처님이 왕에게 청을 하여 죽게 된 아들을 방면하여 살려내게 되었습니다. 그 뒤 두 아들과 어머니는 부처님을 따라 출가하여 비구, 비구니로서 도를 얻었습니다.

아난이 부처님께 이들 세 모자가 전생에 무슨 일을 했기에 죄를 지어 죽을 뻔하다가 살아나 출가 수행하여 도를 얻게 되었는가 묻습니다. 이에 부처님은 이들의 과거 생에 있었던 인연을 이야기해 줍니다.

아득히 먼 옛날 어떤 왕에게 세 아들이 있었습니다. 어느 날 왕은 세 아들과 여러 신하를 데리고 숲 속에 놀이를 간 일이 있었습니다. 그때 숲 속에서 주린 호랑이가 배가 고파 새끼를 잡아먹으려는 것을 보고 세 왕자 중 막내인 마하살타가 자기 몸을 호랑이에게 먹이로 주고 새끼를 살려내었습니다. 그리고 그는 죽어 도솔천에 태어나 자기의 죽음을 슬퍼할 부모를 생각해 천상에서 내려와 허공에서 부모를 향해 말했습니다.

"모든 것은 한번 나면 반드시 죽음이 뒤따르니, 좋은 일을
하여 부디 죽어서 천상에 태어나도록 하십시오."

이 이야기를 마친 부처님은 그때의 막내 마하살타가 바로
자기였고 그 어미 호랑이가 지금의 노모며, 두 마리 새끼는
지금의 두 아들이라 했습니다.

이 세상에서 맺어진 인연과 그 과보는 과거, 현재, 미래의
삼세를 통하여 두 겹의 인과관계를 맺고 있습니다. 과거의
인因에 의해 현재의 과果가 있고 현재의 인에 의해 미래의 과
가 있습니다.

> 전생의 일을 알려거든 금생에 받고 있는 것이 그것이고, 내생
> 의 일을 알려거든 금생에 짓고 있는 것이 그것이다.
>
> 欲知前生事 今生受者是 欲知來生事 今生作者是

『현우경』에는 앵무새가 4성제의 법문을 듣고 사천왕천에
태어났다는 이야기와 또 숲 속의 새가 비구가 경을 외우는
소리를 듣고 도솔천에 태어났다는 이야기도 있습니다.

악도 중생을 제도하는 지장보살

· 지장경 ·

부처님이 도리천에 올라가 어머니 마야 부인을 위해 설했다는 경이 『지장경地藏經』입니다. 본래 이름 『지장보살본원경』을 줄여서 『지장경』이라 합니다. 제목에 드러나듯이 이 경은 지장보살의 본원에 대해 설해 놓은 경입니다. 지장보살은 대승불교의 4대 보살 중 악도중생의 구원을 본원으로 하는 보살로 흔히 대비천제大悲闡提로 알려졌습니다. 악도 중생을 모두 제도하기 위해 자기의 성불을 포기했다는 말입니다. 대원본존大願本尊이라 칭송하는 것처럼 육도중생을 구원하는 대비보살로 도리천에서 석가여래의 부촉을 받고 미륵불이 출현할 때까지 오직 중생 구제만을 위한다고 합니다. 특히 지장보살은 사람이 죽은 후 악도에 가는 것을 막아주는 위신력이 있어 영가천도에 주로 지장기도를 하는 신앙풍습이 만들어지기도 했습니다.

지장보살에 관한 경전으로는 『지장보살본원경』 외에 『지장십륜경』과 『점찰선악업보경』이 있습니다. 지장삼부경이라 할 수 있는 경입니다.

『지장경』은 당나라 때 실차난타實叉難陀가 번역한 한역본은 모두 2권 13품으로 되어 있습니다. 제4 「염부중생업감품」에 보면 지장보살이 부처님께 여쭙니다.

"세존이시여, 제가 부처님의 위신력을 입어 백천만억 세계에 수많은 분신을 나타내어 모든 고통 받는 업보중생을 제도하고 있나이다. 만약 부처님의 큰 자비로 베푸는 위신력이 아니면 저는 이와 같이 하지 못했을 것입니다. 제가 이제 부처님의 부촉을 받아 아일다(미륵)가 성불할 때까지 육도 중생을 해탈케 하리니 세존께서는 염려하지 마옵소서."

"모든 중생이 해탈을 얻지 못하는 것은 마음가짐이 한결같지 못하여 나쁜 습관과 좋은 습관으로 업을 짓기 때문이다. 그리하여 나쁜 과보를 받아 악도에 가고 좋은 과보를 받아 선도에 가면서 육도의 윤회를 쉬지 못하느니라. 티끌수와 같은 많은 겁이 지나도록 미혹에 파묻혀 장애와 액난을 받는 것이 마치 물고기가 그물 안에 갇혀 있으면서 물속인 줄만 알고 있는 것과 같나니, 내가 이를 염려하고 있었는데 그대가 아득한 옛적에 세운 원을 여러 겁을 지나오면서 거듭 서원하여 이들 죄업중생을 제도하려 하는구나. 이제 무엇을 염려하리오."

『지장경』에는 지옥에 관한 이야기가 많이 설해져 있습니다. 제5「지옥명호품」에는 45개의 지옥 이름이 나옵니다. 제3「관중생업연품」에는 마야부인이 지장보살에게 중생이 짓는 업의 과보를 물었을 때 지장보살은 성모聖母 마야부인에게 무간지옥의 고통에 대하여 자세히 설명해 줍니다. 이러한 이야기는 사후의 고통을 대비해 생전에 선업을 많이 닦아야 한다는 교훈이 들어 있는 이야기들입니다.

또한 지장보살은 부처님이 계시지 않는 무불시대에 부처님을 대신하여 구세주 역할을 하는 보살로 인식되고 있습니다. 특히 명부에서의 지장의 역할은 특별하여 지옥 중생을 우선으로 구제하는 원력이 있습니다. 이리하여 지장신앙은 천도재와 밀접한 관계가 있습니다. 중국에서 일어난 지장신앙이 신라 때 당나라에 들어가 현장문하에 있었던 신방神昉 등 구법승들에 의해 전래되고 또 신라 왕자 출신의 교각喬覺 김지장金地藏, 진표율사 등에 의해 민간에 널리 보급되기도 했습니다.

조선조 세종 때 세종대왕의 막내아들 영응대군永膺大君이 태종의 비였던 원경왕후와 소헌왕후의 명복을 빌기 위하여 왕실에서 『지장경』을 간행한 것이 있는데 보물로 지정되어 전합니다.

누구나 극락에 왕생할 수 있다
· 아미타경 ·

『아미타경阿彌陀經』은 아미타불의 극락세계에 대해 설해 놓은 경입니다. 흔히 말하는 정토신앙의 대의가 설해져 있습니다. 부처님이 사위국 기원정사에서 사리불을 상대로 서방 정토 아미타불 극락세계의 공덕장엄을 말하고 아미타불의 명호를 일념으로 부르면 극락세계에 왕생할 수 있다는 방법을 설해 놓은 경으로, 극락세계에는 한량없는 광명이 영원히 비치고, 그 영원한 목숨을 누리는 아미타불이 상주하여 법을 설하고 있는데 이곳에 왕생하기를 발원하여 아미타불을 부르고 생각하는 칭명염불稱名念佛에 전념할 것을 권하고 있습니다.

경의 구성은 매우 간단한 내용으로 이루어져 있습니다. 사지경四紙經이라는 별명이 있었을 정도로 경 전문이 길지 않으며, 사언구四言句로 된 문장이 대부분입니다.

처음 이 세상에서 서쪽으로 10만억 불토를 지나면 극락세계가 있다고 소개하면서 그곳에는 땅과 나무, 연못, 누각, 난간, 층계 등이 모두 칠보로 되어 있으며 못마다 연꽃이 피어 있고 아름다운 새들이 하루에 여섯 번씩 법을 설하는 노래를 하고 있다 했습니다.

이 경은 부처님이 스스로 누구의 질문을 받지 않고 직접 설해준 무문자설無問自說의 형식을 취하고 있는 경입니다. 이 경이 중국에서 한역된 것으로는 3역이 있었습니다. 모두 1권으로 번역된 구마라습 역본과 구나발타라 역본『무량수경』그리고 현장이 번역한『칭찬정토불섭수경』입니다. 이중 구나발타라가 번역한 본은 소실되어 일부분만 전해집니다. 일찍이 일본에서 정토삼부경이라 하여『무량수경』,『관무량수경』과 함께 이 경을 정토신앙의 소의경으로 취급했습니다. 그런데『무량수경』과『아미타경』의 범어 이름이 똑같이 '수카바티뷰하, Sukhavativyuha'입니다. 그래서 무량수경이 2권으로 되어 양이 많으므로 대경大經이라 하고『아미타경』을 소경小經이라 했습니다.

극락세계는 중생이 동경하는 영원한 향수가 깃든 이상세계입니다. 생사의 고통을 받고 있는 사바세계의 예토穢土 중생이 생사의 고통이 없는 영원한 안락을 누리는 곳으로 가고 싶다는 것이 정토淨土의 염원입니다. 이 정토의 염원이 신앙심으로 일어나 죽고 난 후에 정토에 태어나기를 바라는 내세 위주의 신앙을 정토신앙이라 합니다. 이 정토신앙의 유형도

세 가지가 있습니다. 미륵보살이 있는 도솔천을 정토로 보는 미륵신앙 계통의 정토가 있고 동방의 아촉불이 있는 묘희국 妙喜國 정토가 있습니다. 극락세계는 서방정토라고 방위를 가지고 말하기도 하며, 극락을 안양安養 또는 낙방樂邦이라 고도 합니다. 극락을 서방정토라고 하는 것은 『안락집』에 의 하면 서쪽은 해가 지는 곳이며 중생의 죽음을 나타내는 방위 입니다. 해가 뜨는 동쪽을 생生으로 보고 반대 방향인 서쪽 을 사死로 본다는 것입니다. 따라서 사후의 극락왕생을 비는 이유가 이러한 상징적 의미에서 나왔다고 볼 수 있습니다. 물론 선리적禪理的으로 해석할 때는 모두가 유심정토唯心淨 土라 시공을 초월한 세계가 됩니다.

『아미타경』에서는 누구든지 아미타불의 칭명염불로 극락 왕생을 할 수 있다고 가르칩니다. 가장 쉽게 부처님 나라로 갈 수 있는 길을 보여 준 경입니다. 고래로 많은 주석서를 남 겨 무려 270여부가 나왔습니다. 중국의 저술로는 승조僧肇 의 『아미타경의소』와 천태지의天台智顗의 『아미타경의기』, 규기窺基의 『아미타경소』, 지욱智旭의 『아미타경요해』가 4 대소라고 평가되는 유명한 소입니다. 우리나라의 원효스님 이 저술한 『아미타경소』도 현존하고 있습니다.

도솔천 왕생을 설하다
· 미륵상생경 ·

불교신앙의 형태를 특정 불보살 위주로 구분해 말할 때 여러 가지가 있습니다. 이 가운데 미륵불 혹은 미륵보살을 특별히 신앙하는 것을 미륵신앙이라 합니다. 이 미륵신앙에 관한 여러 경전이 있는데 미륵삼부경 또는 미륵육부경이라 하여 세 개의 경을 들거나 여섯 개의 경을 들어 말하기도 합니다.

『미륵상생경彌勒上生經』은 미륵 신앙의 대표 경전으로 『미륵하생경』과 쌍벽을 이루며 『미륵성불경』을 더하여 삼부경三部經이라 하며, 이역異譯에 해당하는 구마라습 역의 『미륵하생경』과 또 의정삼장 역의 『미륵하생성불경』과 역자 미상의 『미륵내시경彌勒來時經』을 합하여 육부경六部經이라 불러 오기도 했습니다.

『미륵상생경』은 유송劉宋 때 저거경성沮渠京聲이 번역한 1권으로 되어 있는 경입니다. 원 이름은 『관미륵보살상생도솔천경』이며 『미륵보살반열반경』이라 부르기도 합니다. 미륵신앙 계통의 경전 중 가장 늦게 이루어진 경으로 알려진 이 경은 미륵의 정토인 도솔천에 왕생할 수 있는 방편을 설해 놓은 경입니다.

부처님이 기원정사에 계시던 어느 날 밤, 부처님이 방광을 하여 광명이 비칩니다. 이 광명 속에 화불이 나타나 법을 설하자 수많은 불제자가 모여들었습니다. 이때 우바리존자가 부처님이 미륵에게 수기 준 것을 기억하고 아직 범부인 미륵이 목숨을 마치면 어디에 태어나느냐고 묻습니다. 이에 미륵이 도솔천에 태어나 일생보처보살로 머무를 것이고, 5백만 억의 천자들이 공양할 것이며 천자들이 서원을 일으켜 궁전을 만드는 이야기를 하면서 도솔천궁의 장엄에 대하여 설합니다. 미륵은 이곳에서 여러 천상의 사람들을 교화하다가 마침내는 하생하여 부처가 될 것이라 했습니다. 특히 미륵은 석가모니의 교화인연이 다한 다음에 사바세계에 강림하여 중생들을 교화할 미래불의 대명사로 인식됩니다. 한 생만 지나면 부처가 되지만 현재는 보살이므로 미륵은 보살이라 부르기도 하고 당래 부처로서 말할 때 부처라 하기도 합니다.

원래 미륵은 자씨慈氏라고 번역하는 것처럼 중생들에게 희망과 용기를 주는 보살입니다. 마이트레야Maitreya라는 범어를 한자의 자慈로 번역하여 이를 성姓으로 하여 김씨, 박

씨, 하듯이 자씨라 한 것입니다. 자능여락慈能與樂이라 하여 즐거움을 주는 것이라 하였는데 미륵은 일체 고난 중생에게 즐거움을 누리도록 좋은 세상을 만들어 준다는 것입니다. 미륵신앙의 특징이 바로 여기에 있습니다. 좋은 세상이 도래하기를 염원하면서, 인류의 보편적이고 통상적인 이 공동 염원을 미륵신앙에 의해서 구현한다는 것입니다. 구세불로서 미륵의 이미지는 새로운 세상을 여는 개벽의 주인공처럼 다가오기도 합니다.

미륵불을 칭명하는 염불을 닦아 삼매를 얻으면 도솔왕생이 이루어지며, 『미륵상생경』을 독송하며, 계를 받고 선업을 닦으며, 큰 서원을 발할 때에도 왕생이 이루어진다 했습니다. 또 설사 계를 어기고 악업을 지었더라도 미륵의 이름을 듣고 참회하면 그도 왕생할 수 있다 하여 참회왕생을 설해 놓기도 했습니다.

이 경은 왕생신앙을 강조하면서 그 방법을 가장 쉽게 제시해 놓았습니다. 이리하여 예로부터 미타정토와 마찬가지로 미륵정토를 쉽게 받아들여 널리 민간에 유통되게 된 연유가 고도의 수행을 요구하지 않고 쉽고 간명하게 설해 놓은 법문 때문이라 볼 수 있습니다.

이 경의 주석서로는 길장의 『미륵경유의彌勒經遊意』가 유명하며 우리나라의 원효스님의 「미륵상생경종요」와 경흥의 「미륵상생경요간기」가 있습니다.

나라를 지키는 호국경전
· 금강명경 ·

『금광명경金光明經』은 금빛같이 밝은 경이란 뜻에서 붙여진 이름입니다. 『금고경金鼓經』이라 부르기도 하는데 이는 금으로 된 북에서 법이 설해져 나온다 하여 부르는 이름입니다. 이 경도 『인왕반야경』과 더불어 호국경전의 하나로 간주되었습니다. 신라시대에 『인왕경』에 의거 호국법회인 백고좌강좌를 열었고 고려시대에는 『금광명경』에 의거 호국법회를 열었습니다. 현재까지 전해지는 한역본은 북량北涼의 담무참曇無讖이 번역한 4권으로 된 『금광명경』과 수나라 때에 보귀寶貴가 담무참, 진제眞諦, 사나굴다闍那多 등의 번역을 모아 섞어서 만든 『합부금광명경合部金光明經』8권과 당의 의정義淨이 번역한 『금광명최승왕경金光明最勝王經 약명 최승왕경』10권, 세 가지가 있습니다. 처음에는 담무참의 4권경이 널리 유통되었으나 뒤에 와서는 의정역의 10권 본이 더 중시되었습니다. 고려 때에도 의정역을 널리 의용했습니다. 3본이 권수가 다르므로 품수에도 차이가 있습니다. 담무참역은 19품이나 합부는 24품, 그리고 의정역은 31품으로 되어 있습니다.

　이 경은 대승사상의 종합적인 내용을 담고 있습니다. 공空의 이치를 설해 놓은 「공품」에는 사람의 몸을 비롯한 모든 것은 지地, 수水, 화火, 풍風의 4대가 임시로 화합된 것일 뿐 모든 것은 공하다고 설해져 있으며, 「참회품」에는 신상보살이 꿈에 금고金鼓로부터 참회공덕에 대한 설법을 듣고 부처님께 나아가 자기의 죄를 참회하는 장면이 있습니다. 참회하면 모든 고통과 죄업에서 벗어나 생사윤회를 벗어날 뿐만 아니라, 전생의 일을 아는 지혜를 얻게 되며 모든 소원이 이루어진다 했습니다.

　「수량품」에는 『법화경』의 「여래수량품」과 마찬가지로 부처님의 수명이 영원하다는 것을 밝히고 있습니다. 「찬탄품」에서는 부처님 공덕을 찬탄하는 인연으로 부처가 될 것이라는 수기를 받는다는 이야기도 나옵니다. 또한 「수기품」에서는 『법화경』에 설해져 있는 것처럼 많은 사람에게 수기를 주는 장면이 나옵니다. 신상보살을 비롯한 만여 명의 천인들이 수기를 받습니다. 「사신품」에는 부처님이 과거세에 목숨을 아끼지 않고 몸을 버려 도를 닦았다는 전생이야기가 나오고 「제병품」에는 부처님이 전생에 의원의 아들로 있으면서 많은 사람의 병을 고쳐 주었다는 이야기가 있습니다.

「유수장자품」에는 유수장자가 두 아들과 함께 길을 가다가 늪에 물이 말라 다 죽어가는 만여 마리의 물고기를 보고 20마리의 코끼리를 빌려 물을 길어와 늪에 부어 물고기들을 살려주고 또 이 경을 설해주어 천상에 태어나게 했다는 이야기가 있습니다. 말하자면 방생의 공덕을 설해 놓은 것입니다. 이 경의 주된 내용의 하나가 참회와 방생입니다. 그러면서도 경의 곳곳에 이 경을 널리 설해 유포하고 수호할 것을 강조했습니다.

「공덕품」에는 공덕천녀가 이 경을 설하거나 듣는 사람에게 필요한 모든 재물을 베풀어 주겠다고 서원하며, 이 경의 이름을 부르면서 부처님께 공양하면 수많은 재물이 생기게 된다 했습니다.

호국의 근거가 되는 내용은 「사천왕품」에 설해져 있습니다. 사천왕이 이 경을 수호할 것을 맹세하면서 이 경은 사람들의 고통을 없애고 모든 재앙과 병마로부터 보호하며, 나라의 왕을 수호하고 적의 침입을 막아 위난을 막아주는 경이기 때문에 이 경을 수호하고 유포하여야 한다 했습니다.

보살의 수행을 보배 구슬에 비유하다

· 보살영락경 ·

이 경의 이름에 들어 있는 영락이라는 말은 구슬을 꿰어 만든 보배 장엄구를 가리키는 말입니다. 이는 보살의 수행을 상징하는 비유로 쓰인 말로 보살도 실천을 몸을 장식하는 장엄구로 본 것입니다.

이 영락이라는 이름이 들어 있는 경이 『보살영락경菩薩瓔珞經』과 『보살영락본업경』이라 하는 비슷한 이름이 있습니다. 얼핏 『보살영락본업경』을 줄여 『보살영락경』이라 부르는, 같은 경의 이름이 아닌가 하고 혼동할 수도 있는데 경의 내용은 다릅니다.

『보살영락경』은 14권으로 되어 있는 경으로 4세기 말 천축에서 중국으로 들어온 축불념竺佛念이 번역했습니다. 품수로는 45품으로 되어 있는데 대승불교의 교의가 종합적으로 설해져 있는 경입니다. 대승불교의 2대 사상이라 할 수 있는 중관사상과 유식사상이 함께 설해져 있는 경으로 불교 전반의 폭넓은 교의를 담고 있습니다. 일종의 불교 개론서라고 할 수 있는 경입니다.

그런가 하면 본생담과 관계되는 부처님 전생의 보살행에 관해서도 서술하고 있는 부분도 있으며 석가모니 부처님 생애의 일면을 엿볼 수 있는 전기라 할 수 있는 내용도 설해져 있습니다. 「장엄도수품」, 「용왕욕태자품」, 「시방법계품」, 「공양사리품」 등에 설해져 있는 내용은 대체로 부처님 전기에 관한 서술입니다.

이 경에서의 보살은 두 가지 입장에 있습니다. 하나는 부처님의 본생에서의 보살행 하던 보살의 의미가 있으며, 이때의 보살은 부처와 동격이 됩니다. 곧 보살도와 불도를 하나로 취급하면서 불도의 이상적인 수행을 보살행으로 설명하고 있는 것입니다.

또 하나는 대승불교의 이상적인 수행자 상으로 『화엄경』이나 『법화경』 등에 등장하는 보살의 이미지를 가지고 있습니다.

부처님이 마갈계摩竭界의 보승寶勝 강당에서 여러 비구와 보살 그리고 천신들이 모인 자리에서 보조普照보살의 22가지 질문을 받고 보살도수행의 10가지 공덕과 보살법의 영락을 설하신 것이 이 경의 내용입니다.

각 품에 설해진 중요한 내용을 살펴보면 '식계품識界品'에는 공관을 통한 지혜로 무아를 실천하는 보살 수행에 대해

설한 법문이 있고 '권행품'과 '무착품'에는 『법화경』의 대의
와 같은 성문, 연각의 이승二乘들을 일불승一佛僧으로 통일
시키려는 설법이 있습니다.

「유행무행품」에는 『유마경』에서 유마거사와 문수보살 사
이에서 있었던 불이법문에 해당하는 내용도 있습니다. 따라
서 이 경은 『반야경』, 『화엄경』, 『열반경』, 『승만경』, 『해심
밀경』에 설해져 있는 내용이 종합되어 있는 셈입니다.

이러한 교의를 종합하여 결국 세상의 모든 것을 공空으로
보게 하는 공관의 수행과 또 모든 것이 의식의 산물이라는
유식의 이치를 터득, 공관에 기초하여 마음을 깨끗이 해야
한다는 보살 수행의 기초를 밝히고 있습니다.

「법문품」에는 부처님이 보살의 영락에 대하여 설하면서
17개의 영락을 설하십니다. 진신영락盡信瓔珞에서 악로惡露
영락에까지 보살들이 얻는 영락이 설하고 있는데 이는 모두
보살이 중생을 교화 제도하는 보살행 실천 덕목을 하나하나
나누어 영락으로 비유 표현한 것입니다. 그리고 이 경의 중
요한 특징은 본무사상本無思想과 본정사상本淨思想이라고 말
합니다. 본무사상이란 본래 아무것도 없다는 이치를 밝혀 무
소유, 무집착의 행을 닦게 하는 것이고 본정사상이란 중생이
모두 본래는 청정하여 중생 자체가 부처라는 것입니다.

행 없는 것이 보리이다

· 사익경 ·

부처님이 왕사성 죽림정사에 계실 때 수많은 비구, 보살 그리고 천인들이 모였습니다. 이에 부처님은 신통을 부려 몸에서 밝은 빛을 내니 소경이 눈을 뜨고 무지한 사람들도 설법할 수 있게 됩니다.

이때 동쪽으로 72억 나라를 지난 세계에 살던 사익범천보살이 이 빛을 받고 부처님께 찾아와 보살이 닦아야 할 불도수행을 묻습니다. 이 질문을 받은 부처님이 법을 설해 놓은 경이 『사익경思益經』입니다. 본 이름 『사익범천소문경思益梵天所問經』을 줄여 부르는 이름입니다. 사익은 색계 범천의 천왕 이름입니다. 축법호는 지심持心이라 번역합니다.

이 경은 『유마경』과 더불어 억양교抑揚敎라 불러온 경전입니다. 억양교란 소승을 억누르고 대승을 천양한 경이란 뜻입니다. 중국 불교사에서 한때 이 경을 매우 중요시한 적이 있었습니다. 한역본에 구마라습이 번역한 『사익범천소문경』 외에 축법호竺法護가 번역한 『지심범천소문경持心梵天所問經』과 보리유지菩提流支가 번역한 『승사유범천소문경勝思

惟梵天所問經』이 있습니다. 구마라습 본과 축법호 역본의 각 각 4권으로 되어 있는데 보리유지 역본은 6권으로 되어 있습니다. 4권 경은 모두 18품으로 나뉘어 있는데 보리유지의 6권 경은 품을 나누지 않았습니다.

　이 경에 설해진 내용은 반야부 경전 특히 『금강경』과 매우 유사합니다. 내용이 다소 난삽한 점이 있으나 『금강경』 법문과 마찬가지로 집착을 없애라는 무상無相 법문이 주를 이룹니다. 그러면서 반야바라밀다를 통한 보살행 실천을 강조합니다.

　「문담품問談品」 제6에는 『금강경』 4구게와 비슷한 뜻의 4구게가 나옵니다.

　　凡所有行 皆是不行 若不行卽是行 當知 無所行是菩提

　무릇 행하는 것이 있으면 행하는 것이 아니다. 만약 행하는 것이 없으면 행하는 것이니, 마땅히 알라. 행하는 것이 없는 것이 보리이니라.

　상에 집착하는 수행을 경계하여 행함이 없는 행이 진정한 수행이라는 것을 밝혀 놓았습니다.

또 부처님께 귀의하는 것이 무엇인가를 밝혀 놓은 대목이 있습니다.

색으로써 부처님을 보지 말고 수·상·행·식으로써 부처님을 보지 말라. 이렇게 하는 것을 부처님께 귀의한다 하느니라.

이 말 역시 『금강경』에 설해진 내용과 비슷합니다.

사익범천이 부처님께 대비를 물었을 때 부처님은 32가지의 대비를 하나하나 말씀하면서 부처님은 항상 대비로써 중생을 구원한다 했습니다. 예를 들면 일체법이 '나'가 없고 '중생'이 없고 '수명'이 없고 '사람'이 없는데도 불구하고 중생들은 모두 있다고 생각하기 때문에 이러한 중생들을 위하여 여래는 대비를 일으킨다고 했습니다. 이렇게 대비로써 중생을 구호하는 사례를 말씀하시고 마지막에 중생에게 무상을 가르치기 위해 대비를 일으킨다 하였습니다.

일찍이 인도에서 천친(天親, Vasubandhu)보살이 이 경을 연구, 6권의 논을 지었습니다. 중국에서도 동진의 도안道安이나 현명賢明의 주소注疏가 있었으나 이 경을 깊이 연구한 사람은 명대의 조동종 계통의 스님인 원징圓澄으로 1603년에 이 경의 주석서를 짓고 이 경의 수지를 널리 권장하였다

합니다.

　우리나라의 원효스님도 자신이 쓴 여러 경의 주소에서 이
경을 자주 인용했습니다.

관념적인 고집을 버려라

· 금강경 ·

『금강경金剛經』은 부처님의 일대소설 중 반야부에 속해 있는 경으로 600부 가운데 577권째에 해당하는 경입니다. 『금강반야바라밀다경』을 약칭하여 『금강경』 혹은 『반야경』이라 부르는데 범어의 원명은 'Vajracchedika- pramita-sutra'로 '금강과 같이 견고하여 능히 일체 번뇌를 끊어 없애는 진리의 말씀'이란 뜻입니다.

한역에 6가지 역본이 있으나 구마라습이 번역한 본이 널리 유통됐습니다. 불립문자를 표방하는 선가에서도 중요시해온 경일 뿐만 아니라, 우리 종단 조계종에서 종헌으로 명시해 놓은 소의경전이기도 합니다. 불경 가운데 동서양을 막론하고 세계적으로 가장 널리 알려진 경이기도 합니다. 'Diamond-sutra'라고 영역되어 서양에 일찍 소개되어 읽히고 있는 경입니다.

이 경의 중심사상을 흔히 공사상空思想이라 하는데 그릇된 집착을 부수고 공을 통한 지혜 곧 반야를 체득하고자 하는 것이 이 경의 대의입니다.

"무릇 모양이 있는 것은 모두 허망한 것이다. 만약 모든 형상을 형상이 아닌 것으로 보면 곧 여래를 본다(凡所有相 皆是虛妄 若見諸相非相 卽見如來)"라는 4구게에 천명된 부처님의 말씀은 이 경의 대의를 요약하고 있습니다.

경의 내용은 부처님의 제자 가운데 공의 이치를 가장 잘 터득하고 있었다는 수보리와 부처님이 문답식의 대화를 전개해 나가는 형식으로 되어 있습니다. 부처님이 사위국 기수급고독원에 계실 때 어느 날 성안에 들어가 탁발을 하고 돌아와 밥을 먹고 발을 씻고 자리를 펴고 앉았을 때 수보리가 부처님을 찬탄하고 질문을 합니다.

"선남자 선여인이 아누다라삼먁삼보리심을 발했을 적에 어떻게 머물러야 하며 어떻게 그 마음을 항복해야 하나이까?"

이 질문을 실마리로 해서 전문의 이야기가 전개되어 나가는 것입니다. 이 질문에 대한 부처님의 대답을 요약하여 말한다면 일체중생을 제도하여 무여열반에 들어가게 하되 한 중생도 제도한 중생이 없어야 한다 했습니다. 경 본문의 이 대목을 네 가지 마음으로 설명하는데 일체중생 전부인 9류 중생을 제도대상으로 삼는 것을 광대심이라 하고 무여열반

곧 완전한 열반에 들어가게 하는 것을 제일심이라 하며, 중생을 제도해도 제도한 중생이 없어야 한다는 것을 항심恒心, 아상我相, 인상人相, 중생상衆生相, 수자상壽者相의 사상四相이 없어야 한다는 것을 부전도심不顚倒心이라 합니다. 보리심을 발한 사람은 이 네 가지 마음에 머물러 보시 등 6바라밀을 실천하되 어디에도 집착을 두는 관념적인 고집이 없어야 한다는 것을 강조했습니다.

중국의 선종에서 5조 홍인스님과 6조 혜능스님 대에 와서 『금강경』을 중시한 이래 이 경을 선리적禪理的으로 해석한 많은 주소가 나왔습니다. 이른바 『금강경오가해金剛經五家解』를 비롯하여 많은 연구서가 쏟아져 나온 것입니다.

6조 혜능스님은 "『금강경』은 무상無相으로 종宗을 삼고 무주無住로 체體를 삼고 묘유妙有로 용用을 삼는다"고 했듯이 일체 법이 공한 진공眞空과 그 공속에서 찾아내는 묘유妙有, 이 진공묘유의 도리가 『금강경』의 핵심입니다. 일체의 관념적인 상에 붙들려서는 안 된다는 것입니다.

부처님은 "수보리야, 만약에 보살이 자아에 대한 관념적인 고집, 인간에 대한 관념적인 고집, 중생에 대한 관념적인 고집, 구명에 대한 관념으로 고집하면 보살이 아니다" 하였고 혜능스님은 "중생의 불성은 그 근본에 있어서 부처와 다

름이 없지만 사상四相을 가짐에 따라 무여열반에 들지 못한
다. 사상을 가지면 중생이요 사상을 가지지 않으면 부처다"
라고 했습니다.

중생의 질병을 고쳐 주는 약사여래

· 약사경 ·

불교의 부처님은 곧잘 병을 치료해 주는 의사에 비유됩니다. 부처님을 법왕法王이라 부르는 것처럼 때로는 의왕醫王이라 부르기도 합니다.

『약사경藥師經』의 약사라는 말도 중생들의 질병을 고쳐 주는 부처님의 명호입니다.

이 경의 본래 이름은 『약사유리광여래본원공덕경』인데 줄여서 『약사경』이라 합니다. 이 경에 의해서 약사신앙이 생겨났습니다. 관음신앙이나 지장신앙과 마찬가지로 약사신앙도 온갖 재난과 병고를 이겨내고 수명을 연장하고자 하는 현실적인 욕구를 가지고 약사여래를 섬기는 신앙이 생겨 민간에 뿌리를 내리게 된 것입니다. 사찰에 약사전이라는 법당이 있는데 이 법당에는 약사삼존불을 모십니다. 약사삼존불은 약사여래와 좌우에 일광日光보살과 월광月光보살을 모십니다.

이 경의 한역본이 5역이 있으나 대표적인 것으로 3본이 있습니다. 수나라 때 달마급다達磨笈多가 번역한 『불설약사본원경』1권과 당나라 때 현장玄奘이 번역한 『약사유리광여래본원공덕경』1권과 또 뒤에 당의 의정義淨이 번역한 『약사유리광칠불공덕경』2권입니다.

부처님이 광엄성의 악음수 밑에서 문수보살을 상대로 설해준 경으로, 약사유리광여래가 보살도를 닦을 때 세운 12가지의 대원을 설하고 있습니다. 다만 『약사유리광칠불본원공덕경』에는 12대원이 아닌 8대원이 설해져 있습니다.

동쪽으로 무수한 불국토를 지나가면 약사유리광여래가 교주로 있는 동방만월세계가 있습니다. 이 세계에 있는 약사여래가 보살로 있을 때 중생들을 질병과 재난의 고통에서 구제하고 누구나 부처가 되도록 하겠다는 12가지 대원을 세워 불도를 닦아 부처가 되었다 했습니다. 이는 마치 법장비구가 48대원을 세워 극락세계를 장엄한 이야기와 유사한 이야기입니다.

약사여래의 세계는 극락세계와 비슷하게 묘사되고 있습니다. 땅에는 유리보석이 깔렸고 궁전과 누각들은 모두 보배로 꾸며져 있습니다. 이러한 부처님의 세계에 누구든지 태어나기를 발원해야 한다는 것을 강조하면서 약사여래를 믿는 믿음의 공덕도 설해 놓았습니다. 특히 약사유리광여래의 명호를 외면서 염불할 것을 권하고 사람이 악업을 지어 지옥의

고통을 받는 원인은 약사여래의 명호를 듣지 못한 탓이라고
설명한 대목도 있습니다. 때문에 살아서 온갖 화를 모면하고
죽어서 부처님 세계에 가려면 누구든지 약사여래를 염불하
라 했습니다.

또 약사여래의 불상을 모셔 놓고 이 경을 읽으면 어떤 소
원이든지 다 이루어져 장수를 누릴 수도 있고 부자가 될 수
도 있고 원하는 아들, 딸을 낳을 수도 있다 했습니다.

이러한 중생들의 현실이익을 설해 놓기도 하였지만 『약
사경』의 중요한 사상은 보살도 실천을 통한 정토 구현입니
다. 유리광琉璃光이라는 명호 속에 들어 있는 말처럼 유리가
투명하여 속이 보이는 것처럼 마음의 본체를 밝혀 만덕을 갖
춘 부처님의 덕을 성취하도록 하는 것입니다. 이것을 보배
유리에 비유하여 말해 놓은 것입니다.

그리고 이 경은 약사여래의 본원에 의하여 성불할 수 있
다는 정토사상의 기본인 타력신앙과 밀교적 요소가 함께 있
습니다. 12대원 가운데 상호구족원과 광명변조원이 들어 있
는데 이는 자신이 성불했을 때 그 나라에 태어나는 중생들이
자기와 같은 상호를 갖추게 되고 몸이 유리처럼 투명하고 일
월처럼 장엄되어 중생의 어두운 세계를 모두 밝혀 준다는 것
입니다.

불생불멸하는 여래장묘진여성을 밝히다

· 능엄경 ·

부처님이 바사닉왕과 문답의 대화를 나눕니다.

"대왕께서 대왕의 몸 안에 없어지지 않는 것이 있는 줄 아십니까?"

"알지를 못합니다."

"갠지스 강물을 언제 처음 보았습니까?"

"세 살 때에 어머니를 따라 기파천 사당에 갈 적에 처음 보았습니다."

"그때 강물을 보던 것과 지금 늙어 예순둘의 나이에 보는 것이나 보는 성품은 변화가 없습니다. 몸은 늙어 변하지만 보는 성품(見性)은 변하지 않고 없어지지 않는 것입니다."

이상은 『능엄경楞嚴經』 2권에 나오는 내용으로 여래장묘진여성을 설명하는 장면입니다.

『능엄경』은 불교수행의 심오한 이치와 그 방법을 매우 극진하게 설해 놓은 경입니다. 원 이름은 『대불정여래밀인수

중요의제보살만행수능엄경大佛頂如來密因修證了義諸菩薩萬
行首楞嚴經』이라는 긴 이름으로 되어 있습니다. 줄여 『능엄
경』 혹은 『수능엄경』이라 부릅니다. 전부 10권으로 되어 있
으며 역자가 반날밀제般刺密帝로 되어 있으나 범어 원전이
없고, 내용의 특이한 점 등을 두고 이 경을 중국에서 찬술된
경으로 보고 있습니다.

　중국이나 우리나라에서 이 경은 매우 중요시되었습니다.
승가 전통교육기관인 강원의 사교과 과목에 들어 있기도 합
니다. 『화엄경』의 내용이 축소되어 있다 하여 소화엄경이라
불리기도 합니다. 선법의 요의를 설했다 해서 선수행에 있어
서도 이 경은 매우 중요시 여겨졌습니다. 수능엄삼매를 닦는
것을 두고 능엄선楞嚴禪이라 말하기도 했습니다. 고려시대
거사불교를 대표하는 청평淸平거사 이자현(李資玄, 1061~
1125)은 평생을 능엄선을 닦았다고 알려져 있습니다. 능엄이
라는 말은 일체사필경견고一切事畢竟堅固라고 번역해 온 것
처럼 모든 일이 끝까지 파손됨이 없이 완전무결해진다는 뜻
으로 선정을 두고 하는 말입니다.

　경의 핵심내용은 사마타奢摩他, 삼마지三摩地, 선나禪那를
차례로 설하고 우주의 생성원리를 밝힌 점입니다. 10권 전
체에 걸쳐 각 권의 대의를 요약한 능엄10의가 있고 견도분見

道分, 수도분修道分, 증과분證果分, 결경분結經分, 조도분助道分의 5분으로 구성된 내용이 결국 여래장묘진여성을 찾게 하는 데 있습니다. 특히 이 경은 여래장이란 말을 쓰면서 이 세상 모든 것이 여래장에 근거하여 있는 것이라 합니다. 오음, 12처, 18계, 7대 등 일체 만법이 인연도 아니고 자연도 아닌 바로 여래장묘진여성이라고 결론을 내립니다.

그리고 이 경의 또 다른 특징 하나는 밀교의 수행법이라 할 수 있는 다라니 수지독송을 권장하고 있는 점입니다. 이른바 제7권에 설해져 있는 능엄신주를 염송할 것을 권합니다. 모든 부처님이 이 주문의 근본을 깨달아 마군을 항복 받고 성불하였다 하며, 이 주문을 통해 중생을 제도한다 했습니다. 뿐만 아니라, 이 주문을 외우는 중생은 모든 재앙을 물리칠 수 있고 선도에 태어나며, 모든 참회가 이루어지고 마침내 무생법인無生法忍을 얻을 수 있다 했습니다. 일설에는 이 다라니를 8천 번 외우면 번뇌가 소멸된 무상정無想定에 들어가고 모든 죄업이 소멸된다 했습니다.

참 마음을 알게 하는 사마타법문에서는 마음의 소재를 찾는 7처징심장七處徵心章에서 부처님이 아난에게 마음이 어디 있느냐고 물었을 때 아난이 몸 안(在內) 몸 밖(在外) 등 일곱을 들어 대답하다가 낱낱이 부정을 당하고 당황해 하는 장면도 있습니다. 수행의 지위를 57위 혹은 60위로 나누어 말하며 육도 윤회의 6취에 신선취神仙趣를 더하여 7취설을 말한 것도 이 경의 특징입니다.

선정으로 지혜를 얻다

· 금강삼매경 ·

부처님이 왕사대성 기사굴산(영축산)에서 1만 명의 아라한
도를 얻은 대비구들과 2천 명의 보살들, 그리고 8만여 명의
장자들이 모여 있을 때 설한 법문을 수록하고 있는 경에 『금
강삼매경金剛三昧經』이 있습니다. 이 경은 금강삼매라는 선
정을 통하여 일체 번뇌를 끊고 공의 이치를 터득, 부처가 되
는 수행의 참된 근본을 설해 놓은 경입니다. 5세기에 번역되
었다고 하나 역자가 누구인지 밝혀지지 않고 있습니다. 《신
수대장경》 권9에는 북량 실역인이라고 적혀 있습니다.

1권으로 되어 있는 이 경은 품수로는 8품입니다. 서품, 무
상법품, 무생행품, 본각이품, 입실제품, 진성공품, 여래장품,
총지품으로 구성되어 각 품에 따라 전체의 내용이 나누어집
니다.

이 경이 유명해진 것은 이 경을 의지하여 우리나라의 원효
대사가 『금강삼매경론』을 짓고부터입니다. 원효스님은 『금
강삼매경론』에서 각 품의 대의를 이렇게 요약했습니다. 서품
을 제외한 「무상법품」은 무상관無相觀을 밝히고 「무생행품

無生行品」은 무생행을 나타내는 것입니다. 「입실제품入實際品」은 허망한 것을 버리고 진실한 것에 들어감을 설하고 「진성공품眞性空品」은 일체의 모든 행이 참된 성품의 공함에서 나온다는 것을 밝혔습니다. 「여래장품如來藏品」은 한량없는 수행문이 모두 여래장으로 들어옴을 나타낸다고 했습니다. 『금강삼매경론』은 원효의 중요한 저서로 우리나라에서는 경보다 이 논이 더 많이 연구되고 읽혀 왔습니다.

「무상품에서 부처님은 해탈보살에게 마음이니 해탈이니 열반이니 하는 것이 자체의 고유한 성품이 없는 것이라 설해 주면서 어떤 관념에 사로잡혀 마음이 움직여서는 안 된다고 하셨습니다. 이른바 무상無相의 이치를 알아야 한다는 것이 이 경에서도 강조됩니다.

특히 이 경에서 강조한 중요한 대의는 「본각이품」에 나오는, 불성이 깨우쳐 주는 이익을 밝힌 점입니다. 사람은 누구나 본래부터 깨끗한 성품을 지니고 있습니다. 다시 말해 본래 깨달음을 누구나 가지고 있음에도 객관 경계에 대한 애착심과 욕망 때문에 본래의 깨달음이 매몰되었다는 것입니다. 따라서 공의 이치만 잘 가르쳐 주면 본래의 깨달음 그 상태로 누구든지 돌아갈 수 있다는 것을 말해 놓았습니다. 부처님은 무주보살에게 이 뜻을 설해줍니다. 어떤 어리석은 사람이 자기 호주머니 안에 돈이 많이 들어 있는 줄 모르고 스스로 빈털터리라 생각하고 50년 동안 밥을 빌어먹느라고 온갖 고생을 하는 것에 비유하기도 했습니다.

원효스님은 이 경을 『섭대승경攝大乘經』이라 하여 대승의 요지를 모두 포함하고 있다 했습니다. 일미관행一味觀行이 이 경의 종요宗要임을 밝히고 무상관無相觀을 통해 제법이 공한 이치를 알아야 하며 무생행無生行을 닦아 불생불멸하는 본각의 성품을 증득해야 한다고 했습니다. 본각本覺과 시각始覺이 둘 아님을 바로 알아 수행의 지위에 따라 육행六行 곧 십신행十信行, 십주행十住行, 십행행十行行, 십회향행十廻向行, 십지행十地行, 등각행等覺行을 닦아나가면 부처의 과위에 이른다 했습니다.

경의 마지막 부분에서는 이 경의 불가사의함을 밝히면서 과거 모든 부처님이 호념하신 바며, 능히 여래의 일체 지혜의 바다에 들게 한다 하였습니다. 만약 이 경을 수지하면 모든 경전 가운데 더 이상 구할 것이 없다 하였고 또 이 경은 모든 경전의 뜻을 담고 있는 법의 용마루라 했습니다.

보리심은 허물이 없다
· 보적경 ·

불경 가운데 가장 많은 양의 긴 경문으로 이루어진 경전이 『보적경寶積經』입니다. 글자 그대로 법의 보배를 쌓아 놓았다는 뜻의 이 경은 『대보적경』이라 부르지만 약칭하여 『보적경』이라 합니다. 120권의 방대한 양에 49회 77품으로 되어 있는 이 경은 대승방등부의 내용을 종합한 경입니다. 이 경의 번역은 4세기 초에 시작하여 7세기 말에 이르기까지 3세기에 걸쳐 이루어졌습니다. 역주가 보리유지菩提流支로 되어 있으나 여러 단경單經을 합집해 놓은 경이라 실제 번역자는 여러 명입니다. 축법호竺法護를 비롯하여 구마라습鳩摩羅什, 의정義淨, 실차난타實叉難陀, 현장玄奬 등 역대 유명한 역경가가 대거 동참하여 번역했습니다.

이 경도 단편적으로 이미 번역되어 있던 단경單經들을 당唐의 중종과 예종 때에 국가적 사업으로 보리유지를 역주로 선임하고 번역을 추가해 대경으로 편찬한 것입니다. 이 경에 설해져 있는 내용 중 이미 단경으로 유포된 것이 모두 29개나 됩니다. 1회 설법으로 맨 먼저 나오는 삼율의회三律儀會는

『대방광삼계경』으로 유통되고 5회의 무량수회는 『무량수경』으로 문수사리수기회는 『문수사리수기경』 그리고 승만부인회는 『승만경』으로 유통되고 있습니다.

한 가지 특이한 점은 49회 77품의 경 전체가 모두 왕사성王舍城 죽림정사와 기사굴산(영축산)에서 설한 것으로 되어 있습니다. 이 점에서 보면 설법지 중심으로 엮어진 경이 아닌가 하는 생각도 듭니다.

처음 설법이 시작되는 대목은 가섭존자의 질문을 받은 부처님이 아누다라삼먁삼보리의 마음을 낸 사람은 어디에도 의지하지 말고, 아누다라삼먁삼보리를 구할 때도 얻을 것이 있다고 생각하지 말고 오직 선근을 심을 것을 강조합니다. 마치 『금강경』에서 상相을 여읠 것을 강조한 내용과 같은 뜻입니다. 또 수행에 임하는 기본자세에 대해 밝힌 말씀에 방일심放逸心 때문에 깊은 신심을 내지 못한다고 경책해 놓은 대목도 있습니다. 다른 경전들과는 달리 이 경에는 특정 주제를 부각시켜 중점적으로 설해 놓은 것이 아니라 불교 전반에 관한 교의가 종합적으로 설해져 있습니다. 이를테면 계·정·혜 삼학의 실수를 권장하고 불퇴전의 신심으로 수행할 것을 말했는가 하면 근본불교의 교리인 삼법인과 12인연의 설법이 있으며, 정토사상과 관계되는 무량수불의 인위因位와

48대원으로 극락세계를 장엄하는 법문도 설해져 있습니다.

또 제10 문수사리보문회에 설해져 있는 내용을 살펴보면 여러 가지 삼매에 대해서 설하면서 색상色相삼매, 성상聲相삼매, 여상女相삼매, 남상男相삼매, 유위有爲삼매, 무위無爲삼매 등의 이름을 나열하며 삼매를 닦는 구체적 방법을 제시하고 있습니다. 그리고 마지막 회인 승만부인회에는 여래장 사상과 관련된 법문이 설해지며, 승만부인에 의해 재가신도가 불법을 수행할 때의 원력과 섭수에 대한 것이 설해져 있습니다. 그런가 하면 부처님의 과거생의 본생담本生譚이라 할 수 있는 복염왕자의 수행에 관한 이야기도 나옵니다. 보살장회菩薩藏會는 무엇보다 보리심을 강조하고 육바라밀 실천을 권합니다.

> 보리심은 허물이 없다. 일체 번뇌가 더럽히지 못하는 것이며, 보리심은 끊어지는 일이 없고 부서지지 않는다. 보리심은 변하는 일이 없고 흔들릴 수가 없다.

보리심에 대한 장황한 설명을 하면서 보리심이 있으면 성불이 약속된다 했습니다. 여러 내용이 종합되어 있는 이 경의 요지는 재가자나 출가자를 막론하고 수행자로서의 지켜

야 할 마땅한 도리와 반드시 수행을 완성하는 사람이 될 것
을 간곡히 당부해 놓은 점입니다.

깨달음의 마음은 동요가 없다

· 원각경 ·

선남자여, 일체중생의 갖가지 실체 없는 허깨비 같은 것들이
모두 여래의 원만한 깨달음인 미묘한 마음 그 자체에서 나오는
것이니 마치 눈이 피로해졌을 때 헛것으로 보이는 허공의 꽃이
허공에서 나와 있는 것 같으니라. 허공의 꽃은 결국 없어지는 것
이지만 허공 자체는 없어지지 않는 것처럼 중생들의 허깨비 같은
마음이 다 없어져도 깨달음의 마음은 아무런 동요가 없느니라.

『원각경圓覺經』 보현장에 나오는 위의 구절은 중생들의
갖가지 생멸 경계가 불생불멸하는 각성覺性을 의지해 있다
는 것을 밝혀 주는 말입니다. 『원각경』은 허깨비라는 뜻의
환幻 법문으로 유명한 경전입니다. 이 허깨비를 알아버리면
허깨비가 사라져 바로 깨달음의 자리가 드러난다는 돈오頓
悟의 이치를 설해 놓은 경이라 하여 예로부터 돈교頓敎라고
교상판석敎相判釋을 해 온 경입니다.

이 경도 중국이나 우리나라에서 매우 중시해 온 경으로
중생들의 무명을 끊고 불성을 드러내게 하는 대의를 가지고

있습니다.

당나라 때 북인도 출신의 승려 불타다라佛陀多羅가 번역했다는 한역본이 전해지면서 많은 연구가 이루어져 유명한 주소註疏들이 남아있는 경이나 『능엄경』과 마찬가지로 범어 원전이 발견되지 않아 중국에서 찬술된 경으로 봅니다. 원래의 경 제목은 『대방광원각수다라요의경大方廣圓覺修多羅了義經』입니다.

경의 내용은 12명의 보살이 등장하여 부처님과 문답을 나누는 형식으로 전개됩니다. 처음 「문수보살장」에서는 여래의 인행因行을 밝히면서 원각을 닦는 자가 중생계의 모든 현실이 허공의 꽃이요, 꿈과 같고 허깨비인 줄 알면 생사윤회가 없어질 뿐만 아니라 생사가 곧 열반이고 윤회가 곧 해탈이라 했습니다.

제2 「보현보살장」에서는 원각을 닦는 방법 곧 관행觀行에 대하여 설하고 있습니다. 제3 「보안보살장」에는 원각을 닦는 자 곧 수행자의 사유방식을 설하면서 이 세상 모든 것이 무상無常하다고 보아 일체 집착을 버려야 한다고 했습니다. 이 보안장의 구절을 발췌하여 별도로 유통시킨 무상계無常戒 법문이 있습니다.

제4 「금강장보살장」에서는 세 가지 의심을 제기하는 내용이 있습니다. 만약 중생이 본래 성불한 것이라면 왜 다시 중생에게 무명이 있다 하는가. 만약 중생에게 본래 무명이 이는 것이라면 어찌하여 본래 성불이라 하는가. 만약 본래성불에서 다시 무명을 일으켰다면 여래는 언제 다시 번뇌를 일으킬 것인가. 이같은 의문을 제기, 이에 대한 답을 듣습니다. 제5 「미륵보살장」에서는 윤회를 끊는 방법을 제시하고 제6 「청정혜보살장」에서는 성문, 연각, 보살, 여래, 외도의 5성 차별을 설합니다. 제7 「위덕자재보살장」에서는 각성을 수순하는 방법인 사마타, 삼마발제, 선나 곧 적寂, 정靜 환幻의 삼관三觀을 설하고 있습니다. 제8 「변음보살장」에서는 삼관을 홑으로 닦고 겸하여 닦으면서 어느 것을 먼저 하고 나중에 하는가 하는, 근기에 맞춰 관을 닦는 25륜二十五輪에 대한 설명이 있습니다.

제9 「정제업장보살장」에서는 말세중생을 위한 안목을 설하는 장래안將來眼에 관한 설명이 있고 제10 「보각보살장」에서는 원각을 닦는 데 있어서의 주의해야 할 네 가지 병에 관하여 설합니다. 제11 「원각보살장」에서는 안거하는 방법에 대하여 설하고 제12 「현선수보살장」에서는 경의 이름을 수지하는 방법과 경을 수지하는 공덕에 대하여 설합니다.

온갖 범부의 계는 모두 마음으로써 바탕을 삼는다
· 범망경 ·

『범망경梵網經』은 색계 제4천인 마혜수라대범천궁摩醯首羅大梵天宮에 있는 그물 이름을 붙여서 부르는 경전의 이름입니다. 알려져 있기를 욕계 도리천 제석천궁에는 인드라망(帝網)이란 그물이 있고 색계 대범천궁에는 범망이라는 그물이 있다 합니다.

이 경은 지금까지 대승의 보살정신을 계율로서 설해 놓은 중요한 경전으로 취급되어 왔습니다. 원래 이름은 『범망경노사나불설보살심지계품제십梵網經盧舍那佛說菩薩心地戒品第十』으로 되어 있습니다. '범망경'이란 노사나불이 설한, 보살의 마음 터에 깃드는 계의 품목을 설해 놓은 10번째 경이란 뜻입니다. 원 범본은 120권 61품이었다는 설이 있으나 구마라습이 번역한 한역본은 상하 2권으로 되어 있습니다.

상권에는 석가모니 부처님이 제4선천에서 보살의 근본심지根本心地를 설하시다가 지혜의 광명을 놓아 한없는 공덕을 갖춘 노사나불의 불국토인 연화장세계의 광명궁에 앉으셔서 보살의 수행 지위를 차례로 설합니다. 십주十住, 십행十

行, 십회향十廻向, 십금강심十金剛心, 십인법十忍法, 십원十願 등 보살의 수행 과정을 나누어 심지를 닦는 법을 설하고, 하권에서는 대승 보살이 지켜야 하는 계율을 설했습니다. 이 계율은 다시 중계와 경계로 구분되는데 10중대계十重大戒와 48경계四十八輕戒입니다. 하권만을 따로 분리하여 보살계본 菩薩戒本이라 부르기도 합니다.

우리나라에서 재가 신자들을 위한 계산림戒山林을 할 때 바로 이 보살계본을 설합니다. 중계와 경계는 남을 위하는 이타정신의 우열을 가지고 구분한 것입니다.

예를 들면 '술을 마시지 말라'는 계목은 48경계 속에 들어 있고 '술을 팔지 말라'는 계목은 10중대계 속에 들어 있습니다. 이는 술을 먹는 일은 개인적인 문제에 국한되지만 술을 파는 일은 남들이 술을 마셔 취하게 하는 결과를 가져오므로 파는 일이 먹는 일보다 더 무거운 업이 된다는 뜻입니다. 이 보살계본은 대승계율이라 하여 재가 신자에게도 지키게 하여 설해주는 계입니다. 비구, 비구니의 구족계를 수록하고 있는 『사분율四分律』이나 『오분율五分律』이 출가 수행자들에게 적용되는 계율인 반면 보살계본의 계율은 출가, 재가를 막론하고 공통적으로 적용되는 계율입니다. 보살계는 불교 신행의 규범으로 불교의 윤리 도덕을 가장 차원 높게 설해 놓은 법문이라 할 수 있습니다. 범망이라는 그물에 그물코마다 달린 마니구슬이 서로 얽혀 비추어 조화를 이루는 것처럼 부처님의 한량없는 교법이 범망처럼 조화를 이루어 서로 방해하는 일이 없음을 상징적으로 나타냅니다.

그리고 『화엄경』에서 설해지는 법계무진연기의 이치가 제망帝網이라는 그물에 비유되듯이 보살의 마음 터인 심지가 범망梵網처럼 모든 선근을 연결해 있다는 의미도 됩니다. 마음을 땅에 비유하여 심지心地라 하고 이 심지 곧 마음이, 대지가 일체 종자를 싹을 트게 하듯이, 모든 계를 내게 하여 선근을 키우게 된다는 말입니다. 따라서 『범망경』에서의 심지는 계의 터전을 가리키는 말입니다.

온갖 범부의 계는 모두 마음으로써 바탕을 삼는다. 마음이 다함이 없으므로 계도 또한 다함이 없다.

『보살영락본업경』에도 심지에 대하여 이와 같이 설했습니다. 마음이 계의 체體가 되어 보살의 덕용을 나타내는 것이라 했습니다. 불교에서 일반적으로 말하는 만법의 근원이 마음이라 하는 것을 『범망경』에서는 계의 근본이 마음이라 하여 마음에 계가 살아나면 선정을 이루게 되고 선정이 이루어지면 지혜를 얻게 된다는 삼학의 완성 과정을 계본에 의해 설해 놓은 것입니다.

정토에 안주 말고 예토서 성불하라

· 비화경 ·

자비의 연꽃이라는 뜻이 있는 『비화경悲華經』의 비화라는 말은 석가모니 부처님을 가리키는 말입니다. 이는 석가모니 부처님이 부처님의 정토에 안주하지 않고 사바세계 곧 예토穢土에서 성불하여 중생들을 제도해 준 것을 찬양하여 일컫은 말입니다. 10권으로 되어 있는 이 경은 5세기 초엽 담무참曇無讖이 번역했습니다. 6개의 품으로 되어 있으며 동본이역同本異譯으로 축법호가 번역한 『한거경閑居經』이 있었다고 하나 이름만 전해지고 역자 미상의 『대승비분타리경大乘悲分陀利經』이 『비화경』과 함께 《신수대장경》 3권에 수록되어 있습니다.

왕사성 기사굴산(영축산)에서 부처님이 불도를 닦아서 부처가 되고자 하는 자는 괴로움에 시달리는 모든 중생을 다 제도하겠다는 큰 자비심으로 자기의 모든 것을 바쳐야 한다고 설해 놓은 법문이 이 경입니다.

제1「전법륜품」에는 미륵보살을 위시한 1만 명의 보살들이 함께 모여 동남쪽을 향하여 "나무 연화존불"이라는 염불을 하는 장면이 나옵니다. 보일광명보살이 무슨 까닭에 이러느냐고 부처님께 묻자 동남쪽 머나먼 곳에 연꽃세계가 있는데 거기에 있는 연화부처가 바로 오늘 새벽에 성불을 하여 밝은 광명을 놓으면서 법을 설하면서 온갖 조화를 부리고 있는 것을 알고 보살들이 지금 그 부처를 찬양하고 있다고 말씀하십니다.

제2 「다라니품」에서는 연화부처의 전생이야기가 나옵니다. 일체 모든 것을 알게 하는 '요해일체다라니'를 소개하고 이 다라니를 배우면 지혜를 얻어 성불할 수 있다고 합니다.

제3 「대사품」에서는 남에게 자비를 베풀어 그들이 불도를 이루게 하는 것이 가장 큰 보시라고 설합니다.

제4 「제보살본수기품」에는 여러 보살이 성불할 것이라는 수기를 이미 전생에 받았다는 것을 밝히고 무쟁념대왕 등 왕족들이 수기를 받고 있습니다. 특히 왕의 스승인 보해는 자기의 손이나 발, 코와 눈, 그리고 뼈까지도 달라는 중생이 있다면 서슴없이 바치겠다는 서원을 하는 감동적인 장면이 있습니다. 이어 제5 「단바라밀품」에서는 큰 자비를 가진 보살들이 남들이 요구하는 모든 것을 다 주는 보시로써 부처가 된 사례를 말하고 대비보살이 닦아야 하는 수능엄삼매, 보인삼매, 사자유삼매 등 108가지의 삼매를 설하고 있습니다.

제6「입정삼매문품」은 석가모니 부처님이 삼세제불의 스승이 된다고 밝히면서 『비화경』을 설하는 석가모니 부처님께 시방의 부처님들이 2만 명의 보살들을 보내 법문을 듣게 한다고 말했습니다.

『비화경』의 특징은 다른 정토경전들과는 달리 예토성불을 강조한 점입니다. 극락세계 장엄 같은 정토의 공덕보다 예토 곧 중생들의 실제 현실에서 부처가 되어야 한다는 점을 부각해 놓았습니다. 말하자면 예토성불이 진정한 성불이라는 말입니다.

정토삼부경인 『무량수경』 『관무량수경』 『아미타경』 등에서는 중생이 부처님 세계인 극락세계에 가서 태어난다는 왕생설을 강조하는데 이 경에서는 극락세계로 가는 것이 아니라 사바세계 곧 중생이 사는 이 세계에서 부처가 되어 중생의 곁에서 불사를 짓고, 교화해야 한다는 것입니다. 다시 말하면 부처님의 세계를 따로 찾아가는 것이 아니라 중생의 현실 그 자체를 부처의 세계가 되도록 바꾸어야 한다는 것입니다. 비록 중생이 사는 사바세계가 오탁악세이기는 하지만 석가모니 부처님을 본받아 보살정신을 발휘해 수행하면 누구나 성불하고, 이 사바세계가 불국토가 된다 했습니다.

선악의 업보 살펴보라

· 점찰경 ·

사람이 지은 전생의 업을 점을 쳐서 알아보는 방편을 설해 놓은 경전이 있습니다. 『점찰선악업보경占察善惡業報經』이란 이 경은 제목 그대로 선악의 업보를 점을 쳐서 살펴본다는 뜻입니다.

부처님이 왕사성 기사굴산에 계실 때 견정신堅淨信 보살이 이렇게 묻습니다.

"부처님이 가시고 난 뒤 말법시대가 되었을 때 중생의 복이 엷어지고 세상이 어지러워져 사람들이 불도를 닦을 겨를이 없게 되고 선과 악을 가리지 못하게 될 터인데 이때 사람들에게 부처님의 가르침을 믿도록 하려면 어떻게 해야 하겠습니까?"

이 물음에 부처님을 대신해서 지장보살이 다음과 같은 내용으로 대답해 줍니다.

사람들이 자신이 당하고 있는 괴로움과 즐거움, 행복과 불행, 길흉의 원인이 전생에 자기가 지은 죄와 복의 결과라는 것을 알면 죄를 씻고 복을 빌기 위하여 부처님의 가르침을 믿게 될 것이며, 자기가 전생에 어떤 죄를 지었고 어떤 복을 지었는가를 알려면 점을 쳐서 알아보는 방법이 있다고 설명합니다. 이어 지장보살은 나무로 손가락만 한 크기의 패를 10개 만들어 앞면에는 10가지 선업의 이름을 써넣고 뒷면에는 10가지 악업의 이름을 써넣고 이것을 한꺼번에 공중에 던져 떨어지게 한 다음 거기에 나타난 선악 업의 조목들을 보고 전생에 살생을 범하였는가, 부처를 공양하는 등 복을 지었는가를 판단한다고 했습니다.

내가 지금 당하고 있는 불행은 전생의 악업을 지은 결과로 온 것이며, 복을 누리는 것은 선업의 결과라는 것입니다. 가령 자식이 잘되어 복을 누리는 것은 전생에 부처님께 공양한 보람이라는 식으로 길흉풀이를 합니다. 만약 점찰 후 죄업이 있는 것으로 나타나면 반드시 참회해서 죄업을 소멸시키도록 해야 한다 했습니다.

이와 같이 이 경은 선악의 업보를 바로 알게 하는 인과법과 또한 지은 죄업을 참회해야 한다는 참회사상을 담고 있는 경입니다.

이 경은 수나라 때 보리등菩提燈이 번역한 상하 두 권으로 되어 있는 경으로 《신수대장경》 17권에 수록되어 있습니다. 하권에서는 일실경계一實境界를 설하는 법문이 있습니다. 모든 사람은 누구나 본래의 마음은 허공과 같이 깨끗하며, 이 것이 바로 부처가 될 수 있는 바탕이라 설합니다. 설사 아무리 악업을 많은 지은 사람이라도 부처가 될 수 있는 본바탕은 깨끗하게 남아 있다고 설합니다. 지장보살은 부처가 특별히 따로 있는 것이 아니라, 자신에게 부처가 될 바탕이 있다는 것을 알고 그것을 닦아 찾아내면 그 사람이 바로 부처라고 강조합니다. 이는 '마음이 곧 부처'라는 선에서 주장하는 말과 맥을 같이하는 말입니다. 자신의 부처 바탕을 알고 닦는 사람은 보살이고 그것을 깨닫지 못한 사람은 범부라 하면서 범부가 보살이 되어야 하고 보살이 부처가 되어야 한다고 했습니다.

이 『점찰경占察經』을 의지하여 우리나라 신라시대에는 점찰법회가 있었습니다. 세속오계를 쓴 원광법사가 점찰보占察寶를 만들어 처음으로 점찰법회를 시작했다고 전해지며 또 진표율사에 의해 점찰법회가 더욱 성행하게 되었다고 전해집니다.

진표율사는 출가 전에 사냥을 좋아하다 개구리를 잡아 버들가지에 꿰어두고 간 후 다음 해에 그 개구리가 버들가지에 꿰인 채로 울고 있는 것을 보고 살생의 죄업을 크게 뉘우쳐 출가한 후 스승 숭제 스님으로부터 『점찰경』을 받아 수지한 후 미륵보살과 지장보살 앞에서 참회하고 나중에 다시 부사의암에서 지장보살께 기도하다 현신수계現身授戒를 얻었다하며, 또 영산사에서 기도하다 미륵보살로부터 점찰법을 받았다고 『삼국유사』에 전해집니다.

지옥에 떨어진 어머니를 구해내다

· 목련경 ·

『목련경目連經』은 부처님 십대제자 중, 신통이 제일이었던 목련존자의 이름을 따서 제목으로 삼은 경입니다. 효심이 지극했던 목련존자의 효도에 관한 이야기가 설해져 있으므로 예로부터 이 경을 『부모은중경』처럼 효경으로 취급해 왔습니다. 송나라 때 법천法天이 번역했다고 역자가 밝혀져 있으나 실제로는 『우란분경盂蘭盆經』을 개작한 것으로, 중국에서 찬술된 것으로 봅니다. 같은 역자로 되어 있는 『목련소문경目連所問經』이라는 경이 또 있으나 내용은 다릅니다.

이 경은 목련의 부모에 대한 이야기가 먼저 나옵니다.

왕사성에 부상傅相이라는 장자가 있었습니다. 그는 항상 육바라밀을 실천하여 덕망이 높았지만 불행하게도 나복羅卜이라는 외동아들 하나를 두고 일찍 세상을 떠납니다. 아버지가 죽은 후 나복은 삼년상을 지내고 유산을 나누어 삼등분하여 3분의 1은 자신의 사업자금으로 하고 3분의 1은 어머니의 생활비로 드립니다. 그리고 3분의 1은 어머니에게 부탁하여 아버지를 위해 삼보에 공양을 올리고 재를 베푸는 데 쓰게 했습니다. 그리고 사업차 외국에 나갔습니다.

아들이 떠나간 뒤 어머니는 행실이 바르지 못하여 뭇 남자들과 어울려 놀면서 술과 향락에 빠져 돈을 모두 탕진해 버립니다. 그러다가 어머니도 죽어버립니다. 나복이 돌아와 장례를 치르고 어머니의 무덤 앞에서 3년간 대승경전을 읽어 드린 후 출가를 하여 신통이 으뜸인 목련존자가 됩니다.

어느 날 목련이 어머니가 생각나 신통으로 찾아보았더니 어머니가 지옥에 떨어져 음식을 먹지 못해 배가 고픈 채 끓는 가마솥에서 고통을 받고 있는 모습을 보았습니다. 깜짝 놀란 목련은 부처님의 가호를 받아 지옥에 가 어머니께 음식을 주었으나 음식이 어머니가 받으면 곧 불로 변해 먹지를 못하는 것이었습니다. 목련은 다시 부처님께 찾아가 애원을 합니다. 어머니를 구해달라고 간청하는 목련을 위해 부처님이 신통력을 입혀 목련의 어머니를 무거운 고통을 줄이고 가벼운 고통을 받게 하다 지옥을 나와 아귀가 되고 다시 개의 몸을 받게 했습니다. 이에 목련이 어머니를 위한 발원을 하여 부처님으로부터 우란분절盂蘭盆節에 대중에게 공양을 올리며 재를 지내 어머니를 정토에 태어나게 할 수 있다는 법문을 듣고 우란분절에 공양을 올리고 재를 지냅니다. 이리하여 목련의 어머니가 도리천에 태어나게 되었다고 설해져 있습니다.

이와 같이 『목련경』은 『우란분경』의 내용을 보충 각색한 것으로 되어 있습니다. 『우란분경』은 《신수대장경》 제16권에 수록되어 있는데 경문 전체가 한 페이지가 채 되지 않는 짧은 글로 되어 있습니다. 여기에는 목련의 어머니가 아귀도에 있었다고만 기술되어 있고, 아버지 부상 장자의 이야기도 없으며 출가 전의 나복이라는 이름도 나오지 않습니다.

우란분재는 요즈음도 선망부모 천도를 위해 해마다 연례적으로 실시하는 불교의 전통풍습 가운데 하나입니다. 우란분이란 범어 울람바나Ullambana를 음사한 말로 구도현救倒懸이라 번역합니다. 거꾸로 매달려 악도에서 고통받는 중생들을 구원해 준다는 뜻입니다.

목련의 효행을 「목련구모변문目連救母變文」이라는 민간 설화 속에 도입 효심을 권장한 사례가 중국에서 있었습니다. 변문이란 중국의 당나라 때와 오대五代 때에 성행한 일종의 민간문학 형태의 설화입니다. 이야기의 내용을 그림을 그려 설명하는데 이를 변상도變相圖라 하고 설법의 대본을 변문이라 합니다. 「목련구모변문」에서는 목련의 어머니 이름이 청제青提부인으로 나옵니다. 우리나라 고려 때 궁중에서 선왕을 위해 우란분재를 지냈다는 기록이 고려사에 전해지고 또 궁궐 내에서 스님을 초청 『목련경』을 강설한 예도 있었다 합니다. 조선조에 와서는 각 사찰에서 『목련경』을 목판본으로 만들어 간행했는데 판본이 모두 십여 개가 전해집니다.

부처님이 옥야에게 부덕을 설하다

· 옥야경 ·

　　부처님이 사위국 기원정사에 계실 때의 일입니다. 사위국 성안에 사는 급고독 장자가 며느리를 맞아들였습니다. 급고독 장자는 『금강경』에도 등장하는 인물로 기원정사를 지은 사람입니다. 그의 며느리 이름은 옥야玉耶였는데 부잣집 딸이었습니다. 용모가 곱고 단정하게 생겼으나 교만이 많아 결혼하여 시집에 살면서도 시부모와 남편을 잘 섬기지 않았습니다. 급고독 장자 내외가 이 며느리에 대해 걱정을 하다가 부처님을 초빙하여 며느리를 교화했으면 좋겠다고 생각을 했습니다.

　　그리하여 부처님을 찾아가 예배를 드리고 자기 집에 오셔서 법을 설해 며느리를 교화해 주기를 청했습니다. 부처님이 청을 받아들여 다음 날 급고독 장자의 집에 갔습니다. 집안 식구들이 나와 부처님을 맞아들이며 예배를 하는데 유독 옥야가 방에 숨어 나오지 않았습니다. 부처님이 신통을 놓아 집 안 곳곳이 훤히 보이도록 했습니다. 옥야가 부처님의 상호와 몸에서 나는 금색 광명을 보자 놀라 일어나 부처님께 나와 절을 하고 잘못을 빌었습니다. 이에 부처님이 옥야를 위해서 여성의 교양과 부덕婦德에 대하여 말씀해 주십니다.

부처님은 옥야에게 아무리 용모가 뛰어나고 좋은 옷을 입고 치장을 잘하고 있어도 마음이 교만하면 그 사람의 아름다움이 없어지는 것이라 했습니다. 마음을 간사하지 않고 한결같이 써야 하며 여성은 여성으로서의 교양과 덕이 있어야 한다고 했습니다. 여성은 남성보다 어려서는 부모의 구속을 많이 받고 결혼을 하면 남편으로부터 오는 구속이 있으며 늙어서는 자식으로부터 오는 구속이 있다 했습니다.

낳을 때 아들보다 딸이 태어나면 부모가 조금 섭섭해하며, 아들만큼 교육을 받지 못하는 수가 있으며, 혼인 때 부모에게 걱정을 끼치며, 마음에 겁이 많아 불안을 많이 느끼며, 부모와 헤어져 살아야 하며, 몸을 남의 집에 맡기게 되며, 임신과 출산의 고통을 당해야 하며, 항상 남편의 눈치를 보아야 하는 숙명宿命이 있다 했습니다.

또 부처님은 옥야에게 시부모와 남편을 섬기는데 다섯 가지 착한 일과 세 가지 나쁜 일이 있다 했습니다. 식구들보다 늦게 자고 일찍 일어나며 언제나 공손하고 맛있는 음식을 제가 먼저 먹지 않는 것이 첫째 좋은 일이며, 둘째는 남편이 꾸중해도 성을 내거나 한탄하지 않는 것이며, 셋째 남편을 한

결같이 대하여 간사하거나 음란한 생각을 하지 않는 것이며, 넷째 남편이 오래 살기를 바라는 것이며, 다섯째는 항상 남편의 좋은 점을 생각하여 좋다고만 생각하는 것입니다.

세 가지 나쁜 일은 시부모와 남편을 공경히 대하지 않고 맛있는 음식을 제가 먼저 먹고 남편에게 눈을 흘기며 종알거리면서 달려드는 것과 남편을 한마음으로 대하지 않고 다른 남자를 생각하는 것, 그리고 남편이 죽기를 바라면서 다시다른 데 시집가고 싶어 하는 것이라 했습니다.

그리고 부처님은 옥야에게 세상에는 일곱 종류의 아내가 있다 했습니다. 그것은 남편을 대하는 데 있어 모성으로 대해 주는 어머니 같은 아내가 있고, 친누이 같은 아내가 있으며, 착한 친구와 같은 아내, 효성 많은 며느리 같은 아내, 종과 같이 순종하는 아내, 원수 같은 아내, 목숨을 빼앗는 아내가 있다고 말하면서 옥야에게 어떤 아내가 되고 싶으냐고 묻자 옥야는 자기의 교만을 뉘우치고 눈물을 흘리면서 종과 같은 아내가 되겠다고 다짐을 합니다. 이 경에서 부부의 윤리적 관계를 설해 놓은 것이 유교적 색채와 매우 유사하게 느껴지기도 합니다.

이『옥야경玉耶經』은 1권으로 된 짧은 경으로 동진 때 천축 출신 사문 담무란曇無蘭이 번역한 것으로 되어 있으며 또

같은 내용의 『불설옥야녀경』이란 역자 미상의 경전도 대장
경에 함께 수록되어 전해집니다.

부처님이 세상에 오신 이유를 밝히다

법화경

　부처님께서 '무량의처삼매'에 드시니 하늘에서 가지가지 꽃이 뿌려지고 땅이 여섯 가지로 진동했습니다. 큰 광명을 놓으시는 등 헤아릴 수 없는 신통변화를 나타내시니 미륵보살이 대중을 대표하여 문수보살에게 그러한 신통변화가 나타난 까닭을 물었습니다. 문수는 과거의 부처님이 『법화경法華經』을 설할 때 반드시 이러한 상서가 나타났는데 이제 또 그러하니 『법화경』을 설하실 게 틀림없다고 대답합니다.

　'서품'에 나오는 이 말은 과거의 부처님이 항상 『법화경』을 설해 왔다 하여 이 경의 특별함을 강조하고 있습니다.

　『법화경』은 『묘법연화경』을 줄여 부르는 말로 범어 이름은 삿다르마 푼다리카 수트라Sadharma pundarika-sutra입니다. 연꽃이 물에 자라되 물에 젖지 않는 처염상정處染常淨의 뜻을 묘법이라 하여 붙인 말입니다. 한역본에 일곱 가지가 있으나 구마라습 역의 『묘법연화경』이 가장 널리 유통되었으며, 달마급다의 역은 『첨품묘법연화경』으로 제명되었고, 또 법호가 번역한 『정법화경』도 유명하여 이의 3본이 번역이 잘된 것으로 평가받습니다.

예로부터 '뭇별 가운데 달이 으뜸이듯이 수많은 경전 가운데 법화경이 으뜸'이라고 한 경의 말을 인용, 이 경이 최고의 경전이라고 주장해 오기도 했습니다. 이 경을 의지하여 생긴 종파도 여러 개며 중국불교사상 유명한 천태지의 대사의 천태교관은 『법화경』을 연구하여 수립한 것입니다. 『화엄경』과 쌍벽을 이루어 『법화경』은 천태교학의 체계를 성립하고 『화엄경』은 화엄교학의 체계를 수립하여 중국 교학사상 가장 탁월한 업적을 남겼습니다.

28품으로 되어 있는 전체 경문의 전반 후반을 적문迹門과 본문本門으로 구분하여 제법 실상의 이치를 천명하였는데 적문에서는 「방편품」이 가장 중요하고 본문은 「여래수량품」이 가장 중요한 품입니다. 『법화경』을 실교법문實教法門이라 말하면서 삼승三乘의 방편으로 설한 권교權敎를 모아 구경 일불승一佛乘으로 돌아가게 하는 것으로 대의를 삼습니다. 이를 회삼승귀일승會三乘歸一乘이라 말해왔습니다.

「방편품」에서 부처님의 일대사 인연을 밝힌 대목과 제법 실상을 밝힌 10여시설十如是說은 매우 중요한 대목입니다.

사리불이여, 모든 부처님은 일대사 인연 때문에 세상에 출현하시느니라. 중생들로 하여금 여래의 지견을 열어주고, 보여주고, 깨닫게 해주고, 들어오게 해주기 위하여 세상에 출현하시느니라.

10여시설을 근거로 천태 지자대사는 일념삼천설을 내세우기도 했습니다.

「여래수량품」에서 부처님은 이미 구원겁 전에 성불하셨다고 말합니다.

사람들은 내가 정반왕궁에 태어나 출가하고 수도하여 도를 이루었다고 알고 있지만 나는 이미 구원겁 전에 성불하였느니라.

본래성불의 이치를 바로 아는 것이 여래의 지견을 얻는 것이요, 이것이 바로 일승이라는 것입니다. 부처님이 세상에 출현하여 진정으로 바라는 바는 중생이 무상보리를 이루는 것입니다. 그 외에 어떤 것도 구경목적이 될 수 없습니다. 그렇다면 성불의 길이 어디에 있는가? 천차별 만차별의 방편이 있을 수 있으나 가장 중요한 것은 경의 사구게四句偈에서 밝혀 놓은 실상법문을 깨닫는 것입니다.

천지 만유는 본래부터 항상 적멸한 모습 그대로다.

불자가 도를 닦고 나면 오는 세상에 부처가 되리라.

諸法從本來　常自寂滅相

佛子行道已　來世得作佛

　제법이 본래 적멸상이란 이 말씀이 일승의 묘법입니다.

결국 고요한 적멸의 모습 그 하나를 보여 주신 것입니다.

중생의 불성은 누구나 똑같다

· 동성경 ·

　부처님이 마라야산에 계실 적에 능가성에 있던 나찰왕 비비사나가 부처님께 찾아왔습니다. 그는 부처님께 예배하고 의심나는 것이 있어 부처님께 여쭈오니 가르쳐 달라 청하면서 중생을 왜 중생이라 하며, 업의 종류가 몇 가지가 있는가를 묻습니다. 이에 대해 부처님은 중생이란 많은 인연으로 태어나므로 중생이라 하며, 업에는 신·구·의 삼업이 있으며 또 깨끗한 업이 있고 깨끗지 못한 업이 있으며, 깨끗한 것도 아니고 깨끗하지 않은 것도 아닌 업이 있다고 설해주면서 중생은 누구나 본래 청정하나 외부로부터 오는 번뇌에 덮여 생사에 윤회하는 것이라 합니다. 말하자면 여래장사상에 해당하는 요지의 설법을 해주고 있습니다. 여래장사상이란 중생의 자체 안에 여래가 내장되어 있다는 말입니다.

　이 경은 이름 그대로 모든 것은 본성에서 보면 모두 같은 것이라는 이치를 설하고 있습니다. 현상으로 나타나 있는 차별된 모습은 기실 물에 비친 달그림자나 허깨비 같은 것이라 실체가 없어서 아무런 차별이 없는 똑같이 공한 성품에 불과

하다는 것입니다. 이 법문은 『능가경』의 법문과 상통하는 것
으로 내용상 닮은 점이 많습니다. 원효스님도 그의 여러 저
서에서 이 경의 이야기를 자주 인용했습니다.

이 경의 역자는 천축 삼장 사나야사奢那耶舍이며 상하 두 권
으로 되어 있습니다. 『대승동성경』이 본 이름인데 때로는 『불
십지경』이라 부르기도 하고 『일체불행입비로자나장설경一
切佛行入毘盧遮那藏說經』이란 긴 이름으로 부르기도 합니다.
이역본으로는 지파가라가 번역한 『증계대승경證契大乘經』(2
권)이 있습니다. 『증계대승경』이라 이름붙인 것은 체험을 통
하여 대승의 교의를 바로 알게 하는 경이라는 뜻입니다. 또
동성의 범어 어원은 아비사마야abhisamaya인데 현관現觀이
라 번역되는 말로 사물에 대한 분명한 이해와 통찰을 뜻하는
말입니다.

『동성경同性經』 상권에서는 여러 가지 비유의 이야기로써
대승을 찬양하는 이야기가 나옵니다.

대승의 교의는 바다를 건너는 배와 같고 사람이 나고 죽
는 이 세상은 괴로움의 바다이며, 출가수행자가 되면 배를
탄 사람과 같고 법을 설하는 자는 뱃사공과 같다고 했습니
다. 저 언덕에 이르는 열반의 길은 누구에게나 똑같이 열려
있으며, 설사 마군魔軍이라도 깨끗한 자기 본성을 되찾으면

부처가 될 수 있다 했습니다.

하권에서는 보살들에게 부처가 되기 위해서 불도를 닦아나가는 40개의 단계를 설합니다. 이를 성문의 단계와 연각의 단계, 그리고 보살의 단계로 나누어 10단계씩을 말하고 그다음 부처의 10단계를 다시 거쳐야 한다고 설합니다. 여기서 말하는 10가지 수행 지위를 십지라 하여 『불십지경』이란 이름을 붙인 것입니다.

수행의 지위는 강물이 흘러서 바다로 들어가는 것처럼 부처님의 지위 곧 비로자나 지혜의 바다로 들어가게 되는 것이라 합니다. 부처님의 지위는 말로 표현할 수 없는 깨끗한 곳이며 화려한 곳으로 모든 중생이 구제되는 곳이라 합니다. 이러한 부처의 지위에 도달하기 위해서 반드시 이 경을 믿고 배워야 한다는 점도 강조해 두었습니다.

비비사나 나찰왕은 이 설법을 듣고 보리심을 일으키고 아누다라삼먁삼보리를 얻게 될 것이라는 수기를 받습니다. 이 장면이 상징하는 의미가 매우 큽니다. 사람을 잡아먹는다는 귀신, 나찰인 마왕이 부처가 될 수 있다는 것을 부각해 놓은 장면으로 중생이 지니는 천차만별의 업이 있더라도 발심하여 수행하면 성불이 보장된다는 것입니다. 이것은 중생의 본성이 모두 똑같이 부처가 될 수 있는 불성을 갖추고 있기 때

문에 본성에서 보면 성불이 불가능하여 부처에서 제외될 수
있는 사람은 아무도 없다는 것입니다.

말법 시대 수행의 본보기를 보여주다
· 지장십륜경 ·

『지장십륜경地藏十輪經』의 원이름은 『대승대집지장십륜경大乘大集地藏十輪經』인데 줄여서 『십륜경』이라 부르기도 합니다. 이역본으로는 역자 미상의 『방광십륜경』이 있는데 북량 때 번역되었다 하여 북량본이라 부릅니다. 이 북량본을 참고하여 당나라 때 현장이 다시 번역하여 미흡한 부분을 보충하고 10권 8품으로 만들어 놓은 경이 『지장십륜경』입니다.

「서품」에 보면 부처님이 『월장경月藏經』을 설하고 났을 때 남쪽으로부터 향운과 꽃구름이 몰려와 향비가 내리고 꽃비가 내리는 등 온갖 길상이 나타나자 무슨 까닭에 이러한 상서가 나타나는가 하고 대중이 의아해하자 부처님이 지장보살의 공덕이 수승하여 나타나는 것이라고 말하며 지장보살을 칭찬하자 마침 지장보살이 성문의 모습을 하고 부처님 앞에 나타나 오탁악세에 어떻게 하면 부처님의 법륜을 굴릴 수 있는가를 여쭙니다.

이 물음에 대해 부처님이 세속의 왕이 나라를 다스릴 때 지녀야 할 열 개의 바퀴 곧 십륜을 비유로 설명하고 또 부처님의 십륜을 설합니다. 이 부처님의 십륜으로 10가지 악업을 선업으로 바꾼다고 했습니다. 이리하여 십륜이 경의 중요한 대의가 되므로 「십륜경」이라 이름하게 된 것입니다. 이 십륜은 부처님의 십력十力이 작용하여 중생을 교화하는 것을 상징적으로 말하는 것입니다. 「십륜품」에서 지장보살이 여래의 본원력을 의지하여 10개의 불륜佛輪을 굴려 여래의 10력을 성취한다 했습니다. 십력이란 부처님이 갖추고 있는 지혜의 힘을 10가지로 구분하여 말하는 것입니다.

「십무의행품」에서는 선정을 닦는 사람이 반드시 염두에 두어야 할 10가지 조건을 설하면서 일체 번뇌를 유발하는 요인에 걸리지 않아야 선정을 이룰 수 있다 했습니다. 또 한 가지 「십륜경」의 색다른 법문은 출가 수행자인 비구가 비록 파계했더라도 외도보다는 나은 사람이기 때문에 권력자나 속인들이 그를 핍박해서는 안 된다는 이야기가 나옵니다. 또 수행상에서 계를 지키지 못했다 하여 국법으로 책벌하려 해서는 안 된다고 했습니다.

이와 같은 파계한 사람을 두둔하고 옹호하는 점 등이 나타나는 내용 때문에 이 경을 번역한 현장의 제자였던 신라의 신방神昉스님은 이 경을 말법시대용 경이라고 말한 바가 있습니다. 또 이 경은 다른 대승경전들처럼 소승을 무시하거나 평가절하하는 말이 나오지 않고 대승과 소승이 융화화합을 이루어야 한다고 설하고 있습니다. 삼승법三乘法은 여래가 중생을 제도하기 위한 방편으로 설한 것이며, 설사 대승을 수행한다 해도 다른 이승二乘을 업신여겨서는 안 된다 했습니다. 마치 계를 잘 지키는 자라 해서 파계한 사람을 비방하고 멸시하면 그 사람 역시 파계한 사람이 되고 만다는 논리입니다. 참된 승가 정신의 구현은 어떤 사상이나 이념으로 대립되는 것을 방지해야 이루어진다는 뜻입니다. 종파적 우열을 논하거나 내 수행은 내세우고 남의 수행을 멸시하는 말세적 풍조를 예방하는 뜻에서 정법의 올바른 실천을 강조한 것입니다.

불교는 비悲의 윤리입니다. 잘못된 업을 짓는 사람이 있더라도 동사섭으로 교화할 것을 권장합니다. 이 경에서 중생을 끝까지 다 제도해 주고 난 뒤에 성불하겠다는 보살의 대비원력을 지닌 지장보살이 성문의 모습으로 나타나는 장면도 시사하는 바가 있습니다. 보살행 실천을 강조하는 대승의 본질은 외형적 조건과 관계없이 모든 부류를 평등하게 섭수할 때 구현할 수 있다는 것입니다. 이 경은 말법시대 수행의 본보기를 보여주는 역할을 하는 경이라 할 수 있습니다.

부처의 몸은 나고 죽음이 없다
· 열반경 ·

『열반경涅槃經』은 부처님 최후의 설법을 수록하고 있는 경으로 부처님이 열반에 드시기 전, 쿠시나가라의 사라수 밑에서 하루 동안 설했다고 알려진 경입니다. 이 경은 소승의 경전에 속하는 것도 있고 대승 경전에 속하는 것도 있어 대·소승에 똑같은 경 이름이 다 들어 있습니다. 『대승열반경』은 담무참이 번역한 북본 열반경을 혜엄, 혜관 두 스님이 사영운과 함께 개편해 만든 남본 『열반경』이 현재까지 가장 많이 읽히고 있습니다.

일찍이 천태지의 대사가 『열반경』에 대해 계율을 붙들고 상주법신을 설한 부율담상扶律談常의 가르침이라고 말한 것처럼 『열반경』의 특색은 유별나게 계율을 강조하고 법신상주의 근본 이치인 불성을 강조하고 있는 점입니다. 이 경이 성립된 배경에는 수행가풍을 새롭게 진작, 교단을 정화하고 불교를 수호하려는 차원에서 편집되었다는 설이 있습니다. 물론 『열반경』의 주제는 열반에 대하여 설명하는 것입니다. 열반涅槃이란 범어 니르바나nirvāṇa의 음사된 말로 반열반槃

涅槃, parinirvāṇa이라고도 하며 멸도滅度라 번역합니다. 열반에 든다는 뜻으로 입멸入滅이라 하는 경우도 있으며, 이때는 부처님의 죽음을 뜻하기도 합니다. 실제 부처님이 음력 2월 15일에 열반에 들었다 하여 이날을 열반절이라고 부르고 있습니다. 그러나 『열반경』의 열반은 죽음을 뜻하는 말은 결코 아닙니다.

이 경에는 부처님이 열반에 임할 때의 상황이 어느 정도 묘사되어 있습니다. 부처님이 입멸할 것이라는 소식을 들은 대중이 모여들면서 슬픔을 이기지 못하고 탄식하는 장면이 나옵니다. 세상이 텅텅 비려 하고 있다는 탄식이 나오고, 사라쌍수의 잎이 하얗게 색이 변하여 학의 깃처럼 되었으며, 무변신 보살이 부처님께 공양을 올리러 오고 그밖에 독사나 악업을 지은 자들도 모두 모여 슬퍼하는 장면이 나타납니다. 이 경에서는 열반을 불멸不滅이라고 풀이하여 번뇌나 욕망이 소멸되는 의미로 보지 않고 법신과 해탈, 반야의 세 가지를 동시에 가지고 있는 깨달음 자체라고 설명합니다.

법신이란 때와 장소를 초월하여 언제 어디서고 항상 존재하는 우주의 참된 이법理法을 가리키는 말입니다. 이 법신을 깨닫는 지혜가 반야이며, 깨달음이 가지고 있는 완전한 자유의 경지가 해탈입니다. 이 열반이 다시 네 가지의 덕을 가지고 있다고 설명합니다. 그것은 중생세계에서 느껴지는 무상無常과 고苦, 그리고 무아無我와 오염汚染을 극복한 영원함(常), 즐거움(樂), 진정한 나(我), 순수한 본래 청정(淨)의 덕을 갖추어 있는 것이 열반의 세계라는 것입니다. 부처의 세계뿐만 아니라 중생의 세계 모두가 본래 열반의 세계라는 것이 『열반경』의 주장입니다.

『열반경』에서 가장 강조하는 것은 '불신상주설佛身常住說'로 부처의 몸은 나고 죽는 생사가 없는 부서지지 않는 금강과 같은 몸이라고 합니다. 방편으로 화현하여 중생에게 보이는 몸은 거짓된 것으로 부처의 진신이 아니라 합니다. 마치 달이 서산에 져도 저쪽 세상에서 보면 달이 뜨는 것일 뿐이요, 달 자체가 없어지는 것이 아니듯 화신의 몸이 죽는 것은 달이 지는 것과 같다는 비유가 「월유품」에 설해져 있습니다.

또 하나 중요한 대의는 일체중생이 모두 불성을 가지고 있다는 것을 밝힌 점입니다. 따라서 누구나 불성을 계발하면 부처가 된다고 했습니다. 그리하여 이 경에는 '천제성불론'까지 등장합니다. 모든 존재가 불성의 존재이므로 불성이 있다는 그 자체가 부처가 될 수 있다는 것입니다. 물론 중간의 각 품의 내용을 살펴 보면 악근惡根이 깊은 천제들은 성불할 수 없다고 말한 대목도 있습니다. 하지만 궁극적으로 천제도 불

성 밖의 존재가 아니므로 불성 안에 있는 모든 것은 부처가
될 수 있다고 한 것이 이 경의 마지막 결론입니다.

사람의 신분에는 차이가 없다
· 마등가경 ·

불경의 이름에 여성의 이름이 들어가 있는 경전이 가끔 있습니다. 『승만경』이나 『옥야경』이 그렇고 『마등가경摩登伽經』도 여성의 이름으로 제목이 된 경입니다. 이 경에 설해져 있는 내용은 좀 특이한 점이 있습니다. 인도의 카스트제도인 사성계급에 대한 자세한 설명이 나오고 다른 대승경전에서 금기시하는 별자리를 보고 길흉의 이치를 설하는 이야기도 나옵니다. 2권으로 되어 있는 이 경은 오吳나라 때 축율염竺律炎이 지겸支謙과 함께 A.D 230년에 번역한 것으로 되어 있습니다. 품수로는 7품으로 되어 있는데 인도의 고대사회의 사회상을 엿볼 수 있는 문헌적 가치를 지닌 경으로 평가받기도 합니다.

이 경에 등장하는 여성 마등가는 원래 『능엄경』에도 나오는 여성인데 아난을 똑같이 유혹한 일이 있는 여성입니다. 마등가는 천한 신분을 가리키는 말이지만 사람을 지칭하므로 이름처럼 이해되기도 합니다. 그러나 구체적인 일의 사연은 두 경이 차이가 있습니다.

제1품인 「도성녀품」에 보면 이른 아침 아난이 성안에 들어가 걸식을 하고 나오다 우물가에서 전다라 출신의 신분이 미천한 여자로부터 물을 얻어 마십니다. 이때 이 여자가 아난의 용모와 음성 등에 반하여 남편으로 삼고자 하는 마음을 내어 어머니의 주력을 빌어 아난을 자기 집으로 끌어들이려 했습니다. 이때 부처님이 재빨리 이를 알아차리고 위신력으로 아난을 여자의 집에 가지 못하도록 하고 길을 찾아 돌아오도록 합니다. 이렇게 되자 다음 날 여자는 성안에서 아난을 기다리고 있다가 아난이 걸식을 하고 돌아가는 뒤를 따라 기원정사에까지 가게 되었습니다. 그리하여 부처님을 만나 부처님으로부터 설법을 듣게 됩니다.

부처님은 마등가녀에게 애욕은 고통의 근원이며 그것은 마치 불나비가 불에 뛰어드는 것 같다 하면서 출가를 권하여 그녀를 비구니가 되게 합니다.

제2품인 「명왕연품」은 지나간 과거의 인연을 밝힌다는 품인데 성안에 있던 여러 바라문, 장자, 거사들이 부처님이 전다라 여인을 득도시켰다는 말을 듣고 혐오하는 마음과 질투를 내어 "천한 종성이 어떻게 사부대중과 함께 범행을 닦을 수 있겠는가?" 하면서 이 사실을 파사닉왕에게 고했습니다. 이 말을 들은 왕도 깜짝 놀라 권속들과 함께 기원림으로

갑니다. 부처님은 이러한 대중의 마음을 알고 과거 인연에 관한 이야기를 설해줍니다.

과거 아승기 겁 전에 갠지스 강변에 아제목다국이란 나라가 있었습니다. 왕이 제승가帝勝伽였는데 전다라인 마등가 종성이었습니다. 왕자 사자이獅子耳를 혼인시키려고 바라문 출신 연화실蓮花實의 딸에게 청혼을 했습니다. 그러자 연화실은 천한 신분이 감히 바라문에게 청혼을 한다 하면서 분개하여 사정없이 거절해버립니다. 이에 제승가 왕은 말합니다. "비록 바라문과 전다라의 차별이 있다 하지만 나고 죽는 생사에는 아무 차별이 없다. 4성이 모두 범천에서 나왔다면 한 부모에게서 태어난 형제와 같지 않은가?" 그러므로 형제가 신분의 차별이 있을 수 없듯이 종성은 모두 평등한 것이라 말합니다.

각 품을 이어 왕의 논리 정연한 이야기가 계속 설해지고, 연화실에게 종성의 기원을 설해주며 교만을 없애라 하는 장면과 달과 별 28수의 길흉까지 설해주는 대목이 있습니다. 마침내 연화실은 왕의 말에 감동하여 존경을 표하면서 결혼을 허락합니다.

경의 끝 부분에 가서 부처님은 그때의 왕 제승가는 바로 부처님이고 연화실은 사리불, 사자이는 아난 그리고 마등가의 딸은 성性 비구니라고 말합니다. 이 경은 사람에게 있어서 신분의 차이가 없는 평등한 인격을 다 같이 갖추고 있다는 점을 강조해 놓았으며, 법은 실로 모두 평등하여 두 가지 모습이 없다 했습니다.

일체 모든 현상은 아뢰야식에서 비롯된다
· 밀엄경 ·

『대승밀엄경大乘密嚴經』을 줄여서 『밀엄경密嚴經』이라 하는데 밀엄이라는 말은 밀교에서 내세우는 대일여래의 정토를 말합니다. 부처님의 신밀身密, 구밀口密, 의밀意密의 삼밀三密에 의해서 장엄된 세계라는 뜻입니다.

이 경은 전후 두 차례에 걸쳐 번역되었는데 일조삼장日照三藏 지바가라地婆訶羅가 번역한 것과 밀교의 거장 불공삼장不空三藏이 번역한 본이 있습니다. 모두 3권 8품으로 되어 있는데 설한 장소가 중생의 윤회세계가 아닌, 삼계를 벗어난 밀엄국으로 되어 있습니다. 밀교의 종주국인 티베트 역본도 있는데 이는 4권으로 되어 있으며 한역과 다소 차이가 있다 합니다.

부처님이 일체불법여실견 보살마하살에게 다음과 같이 말씀하십니다.

"여실견이여! 여기 이 세계를 밀엄세계라 한다. 여기에 있는 보살들은 모두 욕계나 색계, 무색계, 혹은 무상유정의 처소에서 삼마지를 닦은 힘으로써 지혜의 불을 일으켜 색탐과 무명을 태워버리고 육체적인 몸이 아닌, 뜻으로 이루는 몸을 얻고 무루인無漏忍을 닦아 밀엄세계에 왔느니라."

다시 말해 번뇌가 끊어진 세계인 불국토를 지칭하는 또 다른 말로 『화엄경』의 화장세계와 같으며, 또 정토불교에서 말하는 극락세계와 같은 세계라 할 수 있습니다. 이 경의 중요한 대의는 일체 법이 심식의 변화로 일어나는 것이란 만법유식萬法唯識의 이치를 천명하는 내용입니다. 특히 아뢰야식에 대한 설명이 자세하며, 이 식에 의해 일어나는 미오迷悟의 경계가 범부의 세계가 되고 부처의 세계가 된다고 설합니다. 일체 모든 현상이 아뢰야식을 의지하여 일어난 것이라 설명하고, 여래장에 대해 여래장은 불생불멸하여 시공을 초월한다는 이치를 밝힙니다.

「묘신생품」에서 보살은 깊은 선정에 들어 세상의 모든 것이 마음에 의해 존재한다는 것을 깨달으면 묘신妙身을 얻을 수 있다고 했습니다. 또 마음은 일체 모든 것을 저장하고 있는 장식(藏識=아뢰야식)이며 이것이 온갖 사물을 발생케 하는 씨앗이라 했습니다. 보살이 삼매를 닦아 이 아뢰야식의 청정한 본성을 알면 묘신을 얻어 밀엄세계에 갈 수 있다는 것입니다.

이 경은 『능가경』에서 설한 내용과 같은 8식과 9식의 설

명과 함께 중생의 식심인 식識을 물결에 비유해 말한 7풍七
風의 이야기가 있으며, 화엄·승만 등의 경에서 설한 것과 같
은 내용이 들어있습니다. 이 경에서 말하는 밀엄세계의 대일
여래는 화엄경에서 말하는 법신불 비로자나불입니다. 밀교
에서는 인도의 밀교승이었던 선무외善無畏가 대일여래라는
말을 처음 사용한 이래로 밀교의 주존불로 인식됐습니다. 끝
없는 광명이 두루 비춘다는 광명변조光明遍照의 뜻으로 번역
되는 범어 바이로차나Vairocana를 큰 태양에 비유하여 대일
여래라 번역한 것입니다. 우주의 근본 실상인 이체理體를 부
처의 불격佛格으로 나타내 놓은 것입니다.

「아뢰야건립품」에는 만법의 근원인 마음이 아뢰야식이라
하고 이 아뢰야식이 만물을 발생케 하는 것이 화경을 가지고
햇빛의 초점을 맞추어 마른 쑥에 대면 불꽃이 일어나는 것과
같고 또 부싯돌을 쳐 불을 붙이는 것과 같다는 비유를 설해
놓았습니다. 따라서 「밀엄경」의 주요 교의는 아뢰야연기설
을 주장하는 것이며 동시에 여래장사상을 강조하는 면을 가
지고 있습니다. 아뢰야의 신비하고 오묘함을 설해 놓은 「아
뢰야미밀품」에서는 선정의 힘으로 망상을 극복하고 아뢰야
식의 오묘한 본성을 찾게 된다는 것을 설해 놓았으며 밀엄세
계가 바로 아뢰야식의 본성세계라 했습니다.

이 경에 대한 소疏로는 유명한 화엄대가 현수법장의 『밀
엄경소』가 〈속장경〉 34권에 수록되어 있습니다.

마음을 관하면 생사를 벗어난다

· 심지관경 ·

인도에서 일어난 대승불교의 후기에 들어와 여러 대승경전에 설해져 있는 모든 교의를 종합하여 이루어진 경전이 하나 있습니다. 『대승본생심지관경』이라는 이 경은 줄여서 『심지관경心地觀經』이라 하는데 범어 원전이 전해지지 않고, 정확한 성립연대를 알 수 없으나 이 경 속에 『반야경』, 『유마경』, 『법화경』, 『화엄경』, 『열반경』 등에 설해진 사상이 포함되어 있고 또 밀교적 내용이 포함되어 있어 대승불교의 말기에 편찬된 경으로 추정합니다.

『속장경』에 수록된 어제서문御製序文에 당나라 고종 때에 사자국에서 보내온 경이라고 되어 있습니다. 반야삼장이 역자로 되어 있고 모두 8권 13품으로 이루어져 있는 이 경은 대승경전임에도 출가를 권장하고 엄격한 계율을 지킬 것을 말해 그 색채가 출가 위주의 금계禁戒를 강조한 점이 많이 남아 있습니다. 그런가 하면 유가瑜伽, 범망계梵網戒 등 대승계를 지킬 것을 아울러 강조하고 유식의 이론을 보여주는 내용도 있습니다. 특히 이 경은 보살이 출가해서 고요한 수행처인

아란야阿蘭若에 머물면서 심지를 관하는 것이 올바른 수행의 길임을 설하고 부처님의 본생담 이야기를 자주 인용해 비유를 설해주고 있습니다.

이 경의 대의를 가장 잘 요약하고 있는 「관심품」에 부처님이 문수보살의 질문을 받고 답해 주는 장면이 있습니다.

선남자여, 삼계 가운데 마음이 주인이다. 이 마음을 관하면 구경에 생사를 해탈할 수 있지만 마음을 관하지 아니하면 윤회를 벗어날 수 없느니라. 중생의 마음은 마치 대지와 같아서 오곡五穀과 오과五果 등 모든 것이 대지에서 생산된다. 이와 같이 마음은 세간과 출세간, 선과 악, 오취五趣, 유학과 무학, 독각, 보살 및 여래를 낳는다. 이렇기 때문에 삼계는 오직 마음이고 이 마음을 땅이라 하느니라.

이렇게 마음이 만물의 근본임을 설하고 이 마음의 정체를 아는 것이 수행의 요체라 했습니다. 밀교에서 말하는 삼밀가지三密加持의 이야기가 심지법문으로 설해지는 대목도 있으며 관심다라니를 설하여 다라니를 통하여 중생이 해탈을 얻을 수 있다고 한 대목도 나옵니다. "옴 살타 파라저 폐탄 가로미"라는 주문을 외워서 해탈을 얻을 수 있다 했습니다.

『심지관경』에 설해진 내용 가운데 가장 많이 인용되는 이야기로 네 가지 은혜에 관한 것이 있습니다. 이 세상의 이치를 인과법으로 설명하면서 은혜를 베풀고 갚는 일이 가장 좋은 인因을 만드는 것이라 하면서 부모의 은혜와 나라의 은혜, 중생의 은혜 삼보의 은혜를 구체적으로 설명합니다. 은혜를 알고 은혜를 갚는 것이 보살행이라 하여 은혜를 외면하고는 부처의 씨앗종자(佛種子)을 키울 수 없다 했습니다.

부모의 은혜에 대하여 아버지의 은혜를 자은慈恩이라 하고 어머니의 은혜를 비은悲恩이라 하며 특히 비의 은혜를 강조해 놓았습니다. 세상에서 가장 가난한 것은 어머니가 계시지 않는 것이라 했습니다. 중생의 은혜 설명에는 『부모은중경』처럼 다생부모 이야기가 나옵니다. 일체중생이 모두 오도에 윤전輪轉하면서 서로 부모와 자식의 인연을 수없이 맺고 왔다는 것입니다. 따라서 남과의 사이가 좋지 않은 것이 부모에게 불효하는 것과 같다 했습니다.

나라의 은혜는 국왕의 은혜로 나오는데 국왕을 의지해서 백성이 편안히 살 수 있는 것이 은혜로 이것은 비록 국왕이 인간 세상에 있더라도 천업天業을 수행하는 것이니 상벌을 분명히 하여 왕은 만백성을 외아들 대하듯 해야 하며 이 은혜가 골고루 미쳐야 한다 했습니다.

삼보의 은혜에서는 불보는 자성신과 수용신 그리고 변화
신으로 중생을 이롭게 하며 법보는 교법, 이법, 행법, 과법이
며 승보는 계, 정, 혜의 삼학을 닦는 공덕으로 복전승福田僧
이 되므로 그 은혜가 헤아릴 수 없이 많다 했습니다.

공견空見에 떨어진 사람은
보살도를 실천하지 못한다
· 보운경 ·

대승경전 가운데 보살교본이라 할 수 있는 경전이 『보운
경寶雲經』(7권)입니다. 이 경은 두 가지로 번역되어 전해지고
있는데 하나는 만타라선曼陀羅仙이라는 부남(扶南, 캄보디아)
국 출신의 스님이 혼자 번역한 『보운경』과 만타라선이 승가
파라僧伽婆羅와 공동으로 번역한 『대승보운경』이 있습니다.

6세기 초에 『보운경』이 먼저, 『대승보운경』은 나중에 번
역된 것으로 보고 있습니다. 《고려대장경》에는 『보운경』만
실려 있는데 『대승보운경』에는 품이 나누어져 있는 반면 『보
운경』은 품이 나누어져 있지 않습니다. 이 경의 다른 번역으
로는 달마유지가 번역한 『불설보우경』(10권)이 있고 또 법호
가 번역한 『불설제개장보살소문경佛說除蓋障菩薩所問經』(20
권)이 있습니다.

이 경은 소승의 자리에 치우친 수행을 비판하고 보살도를
닦아야 할 것을 강조하고 있는 경입니다. 보살도 실천을 보
배 구름에 비유하여 경 이름을 삼은 것입니다.

가야산 위에서 부처님과 제일체개장보살除一切蓋障菩薩이 문답형식의 대화를 전개해 가는 내용으로 경문이 서술됩니다. 제개장보살의 101가지 질문을 열 개씩 묶어 십바라밀의 실천을 구체적으로 제시해 줍니다.

보살은 첫째로 보시를 베풀어 중생을 교화해야 한다고 하면서 가진 재물이 없을 경우에는 냉수 한 그릇이라도 정성껏 떠서 베풀 수 있어야 한다고 했습니다. 지계를 설한 대목에서는 매우 현대적인 설명을 하면서 사람들이 익혀 있는 풍속을 잘 알아 사람들의 감정을 거슬리지 말아야 한다 했습니다.

곧 지계의 해석을 인간 화목에 우선하고 있습니다. 보살은 남이 아무리 자기를 모욕한다 해도 참아야 하며 화를 내어 보복하려 하지 말아야 한다고 부처님은 가르쳤습니다. 정진을 가르치는 말씀 가운데 밥은 적게 먹어도 만족할 줄 알아야 하고 불도는 아무리 닦아도 만족할 줄 몰라야 한다고 했습니다. 또 보살은 선정에 들어 세상의 이치를 바로 볼 줄 알아야 한다고도 했습니다.

부처님은 또 비유를 들어 보살의 복덕에 대하여 설명하고 있는데, 보살이 가져야 할 덕은 땅이 모든 생물을 살게 해 주는 것처럼 친한 이나 원수진 이, 악마나 짐승들을 가리지 않고 모두 교화하겠다는 큰마음을 먹어야 한다고 합니다.

또 보살은 물과 같이 사람들의 온갖 번뇌의 더러움을 씻어 주고 그들의 올바른 신행을 키워주어야 하며, 빛이 되어 사람들의 무지의 암흑을 물리치고 지혜의 광명을 얻도록 해 주어야 한다 했습니다. 부처님은 또 다음과 같은 말씀을 하십니다.

사람은 무지로 인하여 편견이 생기고 편견이 생김에 따라 그릇된 감정으로 욕망을 일으킨다. 욕망이 불타오르면 그것 때문에 죄업을 짓고 죄업 때문에 생사윤회의 길에 허덕이게 된다.

부처님은 죄업의 시초인 무지 무명이 끊어져 버리면 마치 목숨이 끊어진 사람의 모든 기능이 마비되듯이 번뇌의 바탕이 없어지므로 나고 죽는 윤회의 길에서 벗어나 영원한 안락을 누리게 된다고 했습니다.

이 경에서 부처님은 보살의 자세와 그 처신에 대하여 너무나 구체적인 예를 들어가면서 자세히 말씀해 주고 있습니다.

그리고 특별히 강조하는 금기 사항 하나를 말씀하십니다.

선남자여, 차라리 아견我見을 일으켜 수미산만큼 쌓아 올리더라도 공견空見을 가지거나 증상만增上慢을 일으켜서는 아니

된다. 다른 그릇된 소견은 공견으로 고칠 수 있지만 공견에 떨어
져 버리면 고치기 어렵기 때문이니라.

공견에 떨어진 사람은 보살도를 실천할 수 없다는 것입
니다.

이와 같이 설해진 이 경의 여러 가지 내용은 현대적 교훈
이 되기에도 충분한 말씀입니다. 고故 이기영 박사는 이 경
을 현대의 지성인들에게 꼭 한번 일독을 권하고 싶은 책이라
고 말하기도 했습니다.

한 번 가면 못 오는 것이 사람의 목숨
· 출요경 ·

새벽에 보이던 것 저녁에 안 보이고 어제 있던 것이 오늘은 없어졌네. 내 지금 젊었지만 믿을 수 없는 것, 젊어서 죽은 사람 그 수를 알 수 없네.

『출요경出曜經』 「무상품」에 나오는 이 시구는 인생을 무상으로 보고 어서 발심하기를 재촉하는 말입니다. 불경 가운데 무상을 노래한 경으로는 『출요경』이 으뜸입니다. 이 경은 한 마디로 무상시집無常詩集이라 할 수 있을 정도로 절절히 무상을 읊고 있습니다.

모든 것 무상하여 닳아지고 없어질 뿐 믿을 것 하나 없네.
변하고 없어지니.

달리는 냇물처럼 한 번 가면 못 오는 것,
사람 목숨 이와 같아 가고는 못 온다네.

어쩌면 이렇게 심오한 철학적 교법이 아닌 통속적 표현으로 인간 현실의 무상을 직시하기를 강조해 놓았을까요?

『출요경』은 불교의 명구선집이라 할 수 있는 『법구경』의 운문을 풀이하는 형식으로 비유와 우화를 엮어 만들어진 경입니다. 요진 때 축불염竺佛念이 번역했으며, 30권 34품으로 되어 있습니다.

이 경에 설해진 내용은 『장아함경』, 『잡아함경』 그리고 『잡계경』, 『수행경』과 『미륵하생경』 등에 설해진 내용을 인용하고 부연설명을 한 대목들이 눈에 뜨입니다. 사람의 목숨이 바람보다 더 빨리 간다는 말이 있는가 하면 죽음 앞에서는 젊음도 믿을 수 없다 했습니다.

아난이 어느 날 기원정사에 있다가 성안으로 밥을 빌러 나갔습니다. 때마침 사위성 안에 남녀가 모여서 놀이를 하고 있었습니다. 아난이 막 밥을 빌어 돌아오는데 금방 놀던 사람 하나가 갑자기 죽는 것을 보았습니다. 이에 충격을 받은 아난이 기원정사로 돌아와 부처님께 이 사실을 말씀드렸더니 부처님은 하나도 놀랄 것이 없는 일로 이 세상 모든 것은 그보다 더 덧없는 것으로 하나도 애착할 일이 아니라고 말씀하십니다.

또 파사닉왕이 어머니의 장례를 치른 후 슬픔 마음으로

어머니의 묘지에서 돌아오던 길에 부처님을 찾아갑니다. 부처님께 예배를 마친 파사닉왕이 120살을 산 자기 어머니가 병으로 돌아가 마음이 슬프다고 말하자 부처님은 강물이 쉬지 않고 흐르는 것처럼 사람의 목숨도 죽음을 향하여 흐르고 있다고 말합니다. 그 외에도 부처님은 많은 비유를 들어 무상을 깨닫도록 가르치십니다.

출요란 말은 빛나고 반짝인다는 말이지만 부처님이 든 비유의 이야기를 두고 한 말입니다. 다시 말해 중요한 뜻을 비유를 들어 설했는데 비유를 통해 들추어내는 참뜻을 출요라 하는 것입니다.

오늘이 지나갈 때 명도 따라 줄어지네.
물 말라지는 얕은 연못의 고기 같은 신세 무엇이 즐거우랴.

이렇듯 이 경은 무상을 깊이 깨닫고 이 세상에서 그릇된 집착을 버려서 열린 마음으로 살 것을 가르치는 법문이 주를 이룹니다.

사위국에 난타라고 하는 큰 부자가 있었습니다. 그는 재물이 많으면서도 몹시 인색하고 탐욕이 많았습니다. 그는 죽으면서도 아들에게 자기 재물을 쓰지 말고 잘 보관해 지키라는 유언을 남깁니다.

"나는 이제 병으로 죽을 것이다. 내가 죽어도 이 재물을 잘 지켜라. 재물을 없애서는 절대 안 된다."

이렇게 유언을 남기고 죽은 그는 장님 백정의 부인에게 잉태되어 다시 장님으로 태어납니다. 부처님은 이 부자가 너무나 인색한 탐욕의 과보로 장님에게 의탁해 장님으로 태어났다고 설명합니다. 끝없는 생사의 바퀴 밑에 깔려 고통을 벗어나지 못하는 것은 탐욕이 원인이 된다는 것입니다.

비구니 계戒를 설하다
· 대애도비구니경 ·

　불교 교단에서 최초의 비구니를 대애도 비구니라 합니다. 출가하기 전 석가모니 부처님이 왕궁에서 고타마 싯달타로 성장할 때 생모 마야부인이 죽은 후 양모가 되어 고타마를 키워 주었던 마하프라자파티Mahā-prajāpatī가 출가하여 대애도 비구니가 되었습니다. 구담미(瞿曇彌 Gautamī)라고도 하며 마야부인의 동생 곧 싯달타의 이모였습니다.

　『대애도비구니경大愛道比丘尼經』은 역자 미상입니다. 이 경에는 구담미가 부처님께 출가를 허락해 달라고 간청하는 장면이 두 번 나옵니다. 석가모니 부처님이 성도한 지 얼마 후 고향인 가비라성으로 돌아가 부왕의 임종을 지켜본 적이 있었습니다.

　이때 구담미가 부처님께 출가를 허락해 달라고 간청하였으나 석가모니가 들어주지 않고 거절을 합니다. 구담미는 부처가 떠나간 뒤에도 출가를 단념하지 않고 먼 길을 찾아가 다시 간청했습니다. 가비라성에 계신 부처님을 찾아가 거듭 출가의 뜻을 밝힙니다. 그러나 이번에도 거절을 당한 그녀는 문밖에 맨발로 서서 자기가 죄 많은 여자로 태어난 것을 원망하면서 울고 있었습니다. 마침 아난이 이 모습을 보고 부처님에게 부처님이 태어난 후 7주일 만에 마야부인이 돌아가시고 이모인 구담미가 친자식처럼 부처님을 키워준 지난 일을 상기시키면서 구담미의 소원을 들어달라고 간청했습니다.

아난의 간청에도 부처님은 처음에는 거절합니다. 남자가 도를 닦는데 여자가 있으면 장애가 생긴다고 말하고 이 장애를 없애려면 여인의 출가를 허락해서는 안 된다고 했습니다.

그러나 아난의 끈질긴 간청에 마침내 부처님은 구담미의 출가를 허락하고 맙니다. 마지못해 출가를 허락하지만 구담미에게 팔경법을 지킬 것을 다짐받습니다. 팔경법이란 여덟 가지 예로 비구를 존경하겠다는 내용입니다. 『중아함경』 속에 들어 있는 『구담미경』에서는 8존사법이라 합니다. 이외에도 부처님은 까다로운 계목을 하나하나 들어가면서 먼저 사미니계를 받고 3년 동안 잘 지킨 다음 구족계를 받아 비구니가 되도록 했습니다. 아난은 부처님께 왜 여인들에게는 계가 까다로우며 장노비구니에게 어린 비구가 예를 올리면 안 되느냐고 여쭙니다. 부처님은 비구니는 비구의 예를 받지 못한다 하시고 이런 말씀을 하십니다.

"만약 내가 여인들이 사문이 되지 않도록 했다면 정법이 마땅히 천 년을 머무를 것이지만 여인들이 사문이 되는 것을 허락하였기 때문에 정법의 기간이 오백 년 줄어들 것이다."

이 내용은 『구담미경』에도 똑같이 설해져 있습니다. 구담미는 부처님의 이런 말씀을 듣고 매우 슬퍼하면서 그래도 출가하여 열심히 도를 닦겠다고 다짐합니다.

이 경에서 부처님은 여성의 잘 드러나는 습관 84가지를 말해 주면서 여성 스스로 이 습관을 만든 것이며 또 스스로 없앨 수 있다 했습니다. 예를 들면 화장을 하고 몸치장하기를 좋아하는 것이 여성의 본능적 습관이라 하며 출가 사문이 되면 화장과 몸치장을 하지 말아야 하며 거울도 보지 말아야 한다고 했습니다.

이 경은 당시 불교의 여성관을 엿볼 수 있는 내용이 설해져 있고 여성의 수행법 특히 계를 지니는 방법 등을 구체적으로 보여주고 있습니다. 반면에 인권적인 측면에서 여성을 차별하여 출가를 허락하지 않으려 했다는 점이 불교의 근본 진리에 어긋나지 않느냐는 이의를 제기하는 단서가 되기도 합니다. 하지만 부처님 재세시 인도의 여러 종교와 수행자 사회에서 여성에게 문호가 개방되지 않았던 점을 고려한다면 그래도 불교에서 최초로 여성에게 문호를 개방한 셈이 됩니다. 이 경 외에도 구담미 비구니의 일화를 싣고 있는 불전은 『구담미기과경』이 있고 『사분율비구니건도』와 『오분율비구니법』 등에도 있습니다.

선행을 하면 누구나 천상에 태어난다
· 잡보장경 ·

불경 가운데 이야기책이라 할 수 있는 경전이 『잡보장경雜寶藏經』입니다. 보장寶藏이란 부처님의 가르침을 보배에 비유, 보배를 가득 넣어둔 창고라는 뜻입니다. 이 경은 10권으로 되어 있는데, 모두 121개의 이야기가 수록되어 있습니다. 5세기에 인도에서 중국으로 건너온 학승 길가야吉迦夜가 472년에 담요曇曜와 함께 번역했습니다. 전편에 걸쳐 설해지는 이야기는 대부분 악업을 짓지 말고(諸惡莫作) 선업을 행하라(衆善奉行)는 권선징악勸善懲惡의 내용입니다.

난해한 교리적 설명이 없고 인천교人天教의 법문이라 할 수 있는 지극히 쉬운 일상의 도덕 윤리를 설화로 일깨워 줍니다.

부처님의 전생에 중생들의 갖가지 고통을 구제하였다는 본생담(本生譚, Jataka) 이야기들이 수없이 나오고 현생에서는 사람들을 교화하여 선행을 닦도록 하고 천상에 태어나게 하였다는 이야기가 주를 이룹니다.

특히 『잡보장경』에 설해진 내용에는 충효사상과 관계되

는 이야기들이 많습니다. 부모에게 효도하고 나라에 충성하는 것이 사람의 도리를 다하는 근본이라고 가르칩니다.

석가모니 부처님이 도리천에 올라가 어머니와 천상 사람들을 위하여 법을 설하여 교화한 사례를 들어 자식은 언제나 부모를 받들어 공경해야 하며 이렇게 함으로써 복을 받게 된다고 깨우칩니다.

또 사람이 한 일이 아닌 짐승들이 선행한 이야기들도 많습니다. 코끼리와 토끼, 원숭이들이 몸을 보시하고 공양을 올리는 이야기들도 나옵니다.

프라세나짓왕과 딸 선광善光의 이야기에서는 사람은 누구나 자기 업의 힘으로 산다는 자업자득自業自得의 교훈도 설해져 있습니다.

왕인 아버지가 딸에게 말합니다.

"너는 나의 힘으로 온 궁중의 사람들로부터 사랑을 받고 존경을 받는다."

딸은 외람되게 말합니다.

"저는 제 업의 힘이 있기 때문이며 아버지의 힘이 아닙니다."

아버지인 왕은 화를 냈습니다.

"그럼 정말 네 업의 힘이 있는지 없는지 시험해 보리라."

왕은 명을 내려 성안에서 가장 빈궁한 거지를 불러와 딸을 아내로 삼게 합니다.

딸은 거지 남편을 데리고 집을 나갑니다. 돌아간 거지 남편의 부모가 살던 옛 집터를 찾아가니 거지 남편의 부모가 땅속에 숨겨 묻어 두었던 보물이 발견되었습니다. 이 보물로 집을 짓고 왕궁처럼 부유하게 살게 되었습니다. 나중에 왕은 딸이 어떻게 사는지 궁금했습니다. 어떤 사람이 말하기를 왕궁에서보다 못지않은 부를 누린다 했습니다.

이때 왕은 비로소 사람마다 자기 업의 힘이 있다는 것을 깨닫게 됩니다.

마음은 이 세상 모든 것을 만든다

· 화엄경 ·

『화엄경華嚴經』은 대승경전 가운데 최고의 경전으로 평가받는 경전입니다. 일찍이 중국 불교사에서 이 경전을 소의로 화엄종이라는 종파가 탄생했으며, 또 화엄학이라는 불교 교학 가운데 최고의 학파가 형성되기도 했습니다. 원 이름은 『대방광불화엄경大方廣佛華嚴經』이며 『잡화경雜華經』이라는 별명도 있습니다.

중국이나 우리나라에서 매우 중대한 사상적 영향을 끼친 것이 화엄사상이며 특히 동양사상에서 화엄철학은 재래의 노자사상 등 모든 사상을 회통하여 융화시킨 큰 역할을 했습니다.

한역본에는 세 가지가 있습니다. 불타발타라가 번역한 진역본晉譯本 60화엄과 실차난타가 번역한 당역본唐譯本 80화엄이 있으며 반야삼장이 번역한 40권 본도 있습니다. 그러나 반야삼장이 번역한 본은 앞의 두 번역본의 입법계품에 해당하는 것으로 완역본으로 볼 수 없습니다. 60권 본은 34품으로 되어 있고 80권 본은 39품으로 되어 있습니다.

이 경은 부처님이 부다가야의 보리수 아래서 정각을 이루고 해인삼매에 들어 여래의 정각 경계를 보여주었다 해서 '여래정각개현경'이라고 말하듯이 법신 비로자나불의 과해果海를 설해 놓은 경으로 알려져 있습니다. 성도한 석가모니가 해인 삼매에 들어 있고, 그 삼매 속에 화장세계의 모든 장엄상이 나타나고 비로자나의 법신정토의 불가사의한 경계가 나타나는데 문수, 보현 등 시방의 한없는 보살들이 등장하여 비로자나의 공덕과 법성의 이치를 찬탄하면서 동시다발적인 설법 장면을 보여주는 경입니다. 경문이 매우 장황한 서술을 전개해 나가며, 수식적인 용어가 많이 나옵니다.

화엄교의의 주요 내용은 법계무진연기설이며 이를 더욱 구체적으로 설명하기 위해 사법계설과 육상원융성, 그리고 십현문이 설해집니다. 특히 화엄교의에서 중요한 것은 사사무애의 이치입니다. 일체제법이 상즉상입相卽相入하여 온 법계가 하나의 큰 그물과 같은 만다라를 이루고 있다는 것입니다. 그러면서도 만법을 통합하면 결국 일심으로 돌아간다는 유심도리를 설하고 있습니다. 예로부터 화엄대의를 나타내는 말에 통만법명일심通萬法明一心이라는 말을 써 왔습니다.

만약 사람이 삼세 모든 부처님을 알려거든 법계의 성품을 관찰하라. 모든 것은 마음이 만들어 내는 것이니라.

화엄 사구게로 알려진 경문 가운데 나오는 화엄대의를 요약한 말입니다.

『화엄경』을 전통강원에서는 대교大敎라 불러왔고 또 중국의 교가들이 교상판석을 하면서 원교圓敎라 불렀습니다. 바닷물이 육지의 모든 강물을 받아들이듯이 화엄법문이 모든 다른 제경의 법문을 수용하여 융합해 있다는 뜻입니다. 화엄법문의 핵심을 한마디로 말한다면 만법을 조화하여 통일하는 것입니다. 분파적인 분열을 극복하여 총체적인 하나의 원래 자리로 돌아가게 하는 것입니다. 이는 불교사상의 보편적인 가치의식을 나타내는 것이기도 합니다. 부처님의 동체대비가 『화엄경』에서는 보현행원으로 설명됩니다. 불가사의한 해탈경계를 증득한 비로자나의 경계를 실천적 체험으로 얻어내는 것이 보현행원입니다. 『화엄경』은 바로 보현행원이 수행의 대요가 되며 이를 구체적으로 열 개의 바라밀로 나누어 실천궁행할 것을 강조합니다. 옛날의 화엄대가들은 『화엄경』의 설처와 법회수를 구분하여 7처 8회(60권본) 혹은 7처9회(80권본)로 때와 장소를 나누어 보았습니다. 마지막 「입법계품」이 전체 경의 4분의 1에 해당하는데 이 품 앞의 내용을 1부라 하고 이 품을 2부로 전후 나누어 1부는 여래의 법 자체를 밝히는데 주안점을 두었고 2부는 법을 구하는 구도행각을 보여주는 내용이라 했습니다. 이를 법과 사람을 중심으로 인과연기를 밝혀 놓은 것이라 합니다. 여래가 출현하는 인과연기를 법의 입장과 사람의 입장에서 설하여 법을 사람이 닦아가는 과정을 수행의 지위 단계로 설정하여 52위의 점차를 설해 놓은 법문이라는 것입니다.

경전으로 시작하는 불교

1판 1쇄 펴냄 2013년 1월 10일
1판 2쇄 펴냄 2015년 10월 5일

저자 지안
펴낸이 이자승
펴낸곳 ㈜조계종출판사

출판등록 제300-2007-78호 등록일자 2007년 4월 27일
주소 서울 종로구 우정국로 67 대한불교조계종 전법회관 2층
전화 02-720-6107~9 **팩스** 02-733-6708
도서보급 서적총판사업부 031-945-4536
구입문의 불교전문서점 02-2031-2070~3 www.jbbook.co.kr

ⓒ 지안, 2013
ISBN 978-89-93629-91- 0 03220